ET SI VOUS ÊTIEZ ZEN 365 JOURS PAR ANNÉE ?

Hélène Turmel

ET SI VOUS ÊTIEZ ZEN 365 JOURS PAR ANNÉE ?

• **10 actions** simples et puissantes pour y arriver •

BÉLIVEAU
éditeur

Conception et réalisation de la couverture: Jean-François Szakacs
Photographie de la couverture: iStockphoto.com

Dépôt légal: 1er trimestre 2011
Bibliothèque et Archives nationales du Québec
Bibliothèque et Archives Canada

ISBN 978-2-89092-481-9

BÉLIVEAU éditeur
920, rue Trans-Canada
Longueuil (Québec) Canada J4G 2M1
450 679-1933 Télécopieur: 450 679-6648

www.beliveauediteur.com
admin@beliveauediteur.com

Gouvernement du Québec — Programme de crédit d'impôt pour l'édition de livres — Gestion SODEC — www.sodec.gouv.qc.ca.

Nous reconnaissons l'aide financière du gouvernement du Canada par l'entremise du Programme d'Aide au Développement de l'Industrie de l'Édition (PADIÉ) pour nos activités d'édition.

IMPRIMÉ AU CANADA

Je dédie ce livre à une amie, un ange,
un cadeau du ciel et une fidèle lectrice,
Johanne Carrier.

Depuis des années, grâce à sa gentillesse,
à sa grandeur d'âme, à ses observations
et à ses conseils précieux et judicieux,
je privilégie des actions toujours
plus audacieuses et moins sages,
tout en prenant l'habitude d'aller
jusqu'au bout de mes idées
et de mes croyances.

Table des matières

Remerciements

Merci à ma mère à qui j'ai exposé plusieurs idées de ce livre. Par ses questions, commentaires et suggestions, mes pensées et réflexions sont devenues plus précises. Son écoute toujours très attentive et impartiale me fut d'une très grande aide.

Merci à mes trois enfants, Marjorie, Élisanne et David-Alexandre, de beaux jeunes adultes qui sont les plus merveilleux enfants du monde par les liens qui les unissent l'un à l'autre et leur entraide, leur force de caractère et, surtout, pour tout l'amour qu'ils me donnent. Grâce à eux, je suis ce que je suis, et ils m'ont inspiré à écrire ce troisième livre.

Merci à mon mari, Raymond, pour son soutien autant psychologique qu'informatique, si présent et si amoureusement assuré tout au long du processus de la rédaction de ce troisième livre.

Merci également à Johanne C., à Josée D., à Line L., à Marie B. et à Marie-Claude D., cinq femmes exceptionnelles et de cœur avec qui j'ai vécu une semaine inoubliable et paradisiaque dans un centre de ressourcement en août 2010. Toutes sans exception ont été pour moi une grande source de motivation dans l'achèvement de cet ouvrage. Je les remercie également pour la confiance qu'elles m'ont témoignée. Ce séjour restera gravé pour toujours dans ma mémoire. Et merci aussi à la propriétaire de ce centre, Odette P., pour son accueil chaleureux et ses ateliers innovateurs.

Merci aux lecteurs de mes deux précédents livres: *Et si vous étiez en vacances 365 jours par année?*, *Et si vous étiez comblé d'amour 365 jours par année?* Leurs témoignages m'ont dirigée dans le choix des thèmes à aborder dans cette dernière partie de la trilogie *365 jours par année*.

Merci à tous ceux qui m'entourent (amis, connaissances, collègues, parents) et qui m'encouragent. Je leur souhaite une longue vie bien vécue, toujours en vacances, comblée d'amour et *zen*.

Le secret du succès est de faire
de ta vocation tes vacances.

– MARK TWAIN

Préface

Pas zen mais sur la voie...

Faut-il être zen pour rédiger une préface concernant un livre qui vous propose avec enthousiasme et conviction de l'être au quotidien?

Pas sûr!

Cette étrange entreprise qu'est l'écriture n'est pas du tout zen. Elle implique un combat souvent épique avec les idées qui tourbillonnent dans sa tête. Être zen, à l'opposé, c'est faire le vide et aller en quête de son centre.

Je ne suis donc pas vraiment zen en ce moment et, cependant, j'éprouve un vrai bonheur à écrire ce texte. Peut-être que le zen me guette déjà en s'emboîtant dans le creux de mes mots et en s'enroulant sur le contour de mes phrases. Le zen a aussi ses facéties. Mais surtout, l'idée me réjouit de tracer ces lignes pour Hélène.

Cela me comble qu'elle vous dise tout sur les mille façons d'aborder les rivages de la *zen-attitude* durant quelques instants privilégiés de votre journée. Cela me plaît qu'elle vienne apaiser vos tensions, vos angoisses, vos déprimes avec ses petits repères qui nous renvoient vers ce lieu incertain de nous-mêmes où le zen nous apprend que le vide et l'énergie font alliance dans une symphonie discrète pour échanger leurs substances et faire que perdure la vie dans sa plénitude.

Pour que perdure et s'épanouisse notre vie.

Il faut avancer sur le chemin qu'Hélène vous propose. Et si vous persévérez dans cette voie, votre vie sera plus belle.

Soyez zen!

GÉRARD PACAUD
Docteur en médecine, maître ès sciences (biochimie),
Diplômé de l'Institut Pasteur,
Écrivain, dont plusieurs ouvrages sur l'homéopathie,
Peintre, figuration cellulaire

Introduction

Voici le troisième et dernier livre de la trilogie *Et si vous étiez... 365 jours par année?* Il y sera question de l'incontournable et intéressant sujet qu'est l'état zen, découlant forcément des deux premiers ouvrages de cette collection.

Ce livre a été écrit deux fois: la première avant mon séjour en Espagne, et la seconde après une escapade de deux jours sur la Costa Brava avec mon mari, une aventure plutôt périlleuse, risquée et en *scooter* de surcroît.

Différents événements survenus tout au long de ce circuit ont dû mettre à l'épreuve les dix actions proposées dans ce livre, et soyez assuré que j'ai vérifié la pertinence de leurs résultats. Je peux vous affirmer que celles-ci nous ont sauvé la vie à deux reprises, et surtout nous ont permis d'apprécier à sa juste valeur, malgré tout, ce séjour sur la Costa Brava, lequel aurait pu être aussi un véritable cauchemar.

J'ai compris, lors de ce court voyage, la très grande importance de toujours être zen, et ce circuit vécu dans des conditions un peu spéciales m'a fait réaliser que mon manuscrit et plusieurs de ses thèmes manquaient d'explications, de précision ou de renforcement. J'ai alors décidé de le reprendre dans son ensemble, bien sûr en gardant l'idée de fond, mais en appuyant davantage sur chacune des actions proposées (qui sont le cœur même du livre). J'ai réajusté le tout avec plus de détails, d'idées, de concepts, de notions et d'images.

Je peux vous assurer que ces actions produisent vraiment les résultats escomptés. Maintenant, et avec certitude, je sais ce qu'est, et ce que veut dire, être zen: *c'est accepter chaque instant tel qu'il est.*

Voilà. C'est simplement cela, être zen.

J'ai également eu l'idée de débuter chaque chapitre en vous racontant une histoire vécue afin d'alléger le texte. (Exceptionnellement pour ce chapitre, celle-ci se retrouvera à la fin.) Chacune de ces histoires a été choisie en fonction du chapitre suivant. J'espère que celles-ci vous inciteront à mettre en pratique les actions proposées dans ce troisième ouvrage, évitant ainsi que ce dernier soit perçu comme étant un simple témoignage sur la philosophie zen.

De plus, je me suis posé la question sur l'utilité réelle de ce livre. Après ce périple sur la Costa Brava, j'avoue que j'ai acquis l'absolue certitude de sa raison d'être et de sa nécessité. Il allait solidifier et entériner les deux autres, d'autant plus que j'ai saisi au plus profond de mon être comment les thèmes de cet ouvrage me ramenaient continuellement à *accepter pleinement ce qui est, ce qui se passe autour de moi et ce qui s'y présente, sans toutefois me poser des questions inutiles, et en cessant de pratiquer le déni.*

Il arrive trop souvent cependant qu'on associe l'idée zen aux mots « difficulté, religieux, utopique, impossible et inutile ». Parfois, il arrive même qu'on ajoute à ces facteurs, et ce, tout à fait faussement, l'idée que vivre zen va à l'encontre du monde d'aujourd'hui, et que viser cet état est peu pratique tout en n'offrant aucun avantage, compte tenu de toutes les exigences, obligations et défis réclamés par nos vies amoureuse, familiale, professionnelle et sociale. Et pourtant, quelle sérénité pouvons-nous ressentir quand nous vivons des moments de douceur et d'harmonie ! À mon avis, il s'agit là d'une grande erreur. Mais force est d'admettre que penser ainsi est probablement un peu normal. Comment pourrait-il en être autrement puisque personne ne nous a enseigné le contraire ? Rares sont ceux qui, pour différentes raisons, savent qu'être zen est synonyme d'harmonie et de bonheur ; la majorité pensent plutôt que cette façon de vivre ne va pas du tout avec la précipitation de notre 21e siècle. Et c'est là, je crois, que nous faisons fausse route. À nous d'en redécouvrir les bienfaits. Voilà le but de ce livre.

Je souhaite donc que les dix actions que je vous propose puissent vous être aussi profitables qu'elles le furent pour moi, et qu'elles vous conduisent à cet état zen. J'espère également que ce livre vous libérera de certaines croyances fausses et inutiles. Que tous puissent réaliser que la vie sur terre peut être un vrai paradis, *si nous le pensons tel*, où il est possible de vivre l'harmonie, la non-violence, l'amour, l'abondance ainsi que l'état zen. J'aimerais également que cet ouvrage vous oriente là où vous souhaitez vous rendre, sans heurts ni douleurs, afin de vivre heureux et en harmonie avec l'univers 365 jours par année, et cela, pour le reste de votre vie.

■ ■ ■

Histoire vécue

Au mois de mai 2010 en Espagne, mon mari et moi avons loué un scooter de 125 CC en piètre condition, avec un frein manquant et des pneus plutôt usés, afin de nous rendre à Cadaqués, sur la Costa Brava, en partant de Barcelone (300 km environ aller et retour). Sur une route sinueuse surplombant des précipices et des falaises, comme l'on voit souvent dans les films européens, et nous gratifiant d'une vue superbe sur la mer majestueuse d'un bleu turquoise et parfois vert jade, nous roulions sur cet engin qui n'avait pas la puissance suffisante pour suivre la circulation. Il peinait à accélérer, tant son moteur était encrassé.

En plus de l'insécurité ressentie à cause de l'état de ce scooter, la circulation était très dense, à cause du long week-end de congé salarial dans toute l'Espagne, amplifiant énormément notre stress et, en ce qui me concerne, ma peur. La plupart ne pensaient qu'à arriver le plus vite possible à destination afin de profiter au maximum de cette mer si invitante et fascinante de par ses différents reflets bleus et verts. Les excès de vitesse des puissantes motos étaient également nombreux, en plus de nous frôler de très près.

Notre attitude zen, nous évitant ainsi de sursauter à la moindre anomalie, a permis à mon mari d'éviter la catastrophe, soit une chute, soit la perte du contrôle de la moto.

■ ■ ■

Fais de ta vie un rêve,
et d'un rêve, une réalité.

– ANTOINE DE SAINT-EXUPÉRY

Pour croire, il faut vouloir croire.

– SILVIO PELLICO

CHAPITRE 1

Différentes idées vous amenant à découvrir que vous êtes déjà zen sans le savoir

COMMENT EST-CE POSSIBLE ?

Histoire vécue

Je devais repeindre une chambre pour l'arrivée de mon troisième enfant et j'avais déjà beaucoup à faire. Je n'étais même plus en mesure de compter toutes les tâches qui m'attendaient. De plus, mon mari travaillait à Montréal alors que la maison familiale était située dans la région de Trois-Rivières à 160 kilomètres. Jusqu'alors, j'avais toujours cru aux miracles, mais ce jour-là, je ne croyais plus qu'aux petits. Et en plus, je n'étais plus certaine de rien.

J'étais donc à évaluer la tâche à effectuer: la peinture était choisie, les pots m'attendaient par terre, l'escabeau était dans la pièce, mes deux petits derniers de deux ans et un an dormaient à peine. Puis, comme par magie ou par miracle, la tante de mon mari, dont la maison était toute proche et voisine de la nôtre, se pointa le nez pour m'aider, sans crier gare, en habit de peintre avec la casquette et le matériel nécessaire. Comment avait-elle su? Je ne sais pas, mais comme sa présence m'avait rendue heureuse et fait du bien! Quelques heures plus tard, grâce à son dynamisme et à sa volonté de me faciliter la vie, tout était terminé et bien fait. Je peux vous dire qu'à partir de ce jour, le doute fut exclu de ma vie.

■ ■ ■

À certains moments, nous sommes tous sereins, heureux ou en paix, parfois pendant de courts instants mais qui sont bien réels. D'autres fois, ces moments sont plus longs mais sans être aussi intenses; il arrive même que vous ne réalisiez pas ces bons moments. Pour plusieurs, ce bonheur se fera sentir en regardant leur création artistique ou un travail bien fait. D'autres vivront une grande plénitude devant leur enfant endormi, plein de candeur et ses petits poings fermés, ou en regardant un beau paysage ou un autre spectacle. Certains se sentiront en paix avec la vie, avec eux-mêmes, avec leurs projets, avec leurs amis ou encore tout simplement en paix pour aucune raison particulière.

Chaque jour, nous pouvons tous réaliser et apprécier avec seulement un peu de bonne volonté tous ces moments sereins vécus au fil des jours. Sachez que chacun d'eux peut être qualifié d'instants zen. Si vous en prenez conscience, vous verrez qu'ils se multiplieront. La vie est ainsi faite: dès que vous remarquez la beauté ou la sérénité d'un moment, ne serait-ce qu'un court instant, elle s'empresse de vous en fournir d'autres. Et si vous remerciez régulièrement la vie, le ciel, ou n'importe quoi d'autre pour ces moments petits et grands, vous êtes alors zen, peut-être même sans vous en rendre compte. Il n'en reste pas moins que vous aurez déjà fait plusieurs pas en ce sens, et poursuivre sera simple. Les dix actions faisant l'objet de ce livre vous permettront de parvenir à ressentir cet état à chaque instant 365 jours par année, et pas seulement de temps à autre.

J'ai décidé d'être heureux
parce que c'est bon pour la santé.

– VOLTAIRE

LES OBSTACLES ET LES ANTÉCÉDENTS

Histoire vécue

En 1997, il me fallait décider, et cela rapidement, dans quelle ville m'établir en Australie. Je cherchais quelle région de ce grand pays conviendrait le mieux aux quelques mois sabbatiques que je m'étais accordés.

À mon grand étonnement, c'était quasi impossible pour moi d'arrêter un lieu ou une ville. Je ne voyais vraiment pas clair devant les trop nombreuses possibilités. Mentionnons qu'à cette époque, Internet n'existait pas. Bien sûr, il y avait les télécopieurs, mais aucunement comparables avec Google. Je croyais aux miracles, non seulement aux petits mais également aux gros. J'avais vraiment hâte que la vie m'aiguille dans la bonne direction.

Voici comment la vie m'a répondu : un couple d'amis, propriétaire d'un gîte du passant à Trois-Rivières, avait besoin de mes services pour servir de guide touristique à deux jeunes femmes suisses et professionnelles dans la mi-trentaine, amies d'un de leurs amis. Ils avaient promis à cet ami d'accorder toute leur attention (en plus du gîte) aux deux femmes pour un séjour réussi et mémorable. Compte tenu que leur gîte était bondé, ils avaient besoin d'aide pour tenir leur promesse. J'étais très heureuse d'accepter ce rôle et de leur faire découvrir cette belle région mauricienne. Elles auraient pu tout aussi bien se débrouiller seules, mais mes amis avaient insisté pour que je les accompagne.

Au fil de nos échanges, j'ai mentionné mon prochain séjour en Australie et ma difficulté à décider où m'installer. Aussitôt dit, l'une d'entre elles me proposa sa maison à Emerald Beach, composée de deux logements, un au rez-de-chaussée déjà loué à une de ses amies, et l'autre situé à l'étage supérieur offrant une vue superbe sur la mer, son havre de paix. Elle m'en ouvrait les portes puisqu'elle ne comptait pas s'y rendre avant plusieurs mois. J'étais enfin fixée, j'avais reçu ma réponse et trouvé ma destination. Ce petit village était tout près de Coffs

Harbour, à mi-chemin entre Sydney et Brisbane. Quel hasard ! (Même si je savais déjà à cette époque que le hasard n'existe pas.)

Quelle chance j'avais eue de rencontrer cette jeune dame, probablement la seule personne dans toute la région de Trois-Rivières propriétaire d'une maison en Australie. L'adresse était de très bon augure et m'inspirait énormément : 5, Saphyr Crescent, à Emerald Beach en Australie. J'avais l'impression que celle-ci me prédisait le commencement d'une très belle aventure. Ce qui s'avéra être juste et vrai.

■ ■ ■

Tout comme Voltaire l'écrivait, pourquoi ne pas décider d'être heureux, et j'ajouterais être zen, tout de suite ? Cette sage décision, en plus d'être bonne pour votre santé et susceptible de vous apporter du bonheur, sera excellente pour la santé des autres et celle de la terre. Réaliserons-nous un jour combien notre planète serait heureuse de nous sentir tous sereins, zen et, par conséquent, sources de bonheur les uns pour les autres.

N'est-il pas plus agréable de vivre dans « le contentement, le bonheur, le calme, la sérénité et l'abondance », tous les résultats d'une vie zen et saine, plutôt que de plonger dans la peur, l'inquiétude, le désarroi, l'inharmonie reliés à une vie stressée et chaotique. Mais pourquoi donc hésitons-nous ?

Le *premier* obstacle à l'atteinte de l'état zen est donc de ne pas y croire ou de n'y voir que leurre, aberration ou chimère. Par conséquent, comment pourrions-nous même imaginer sa faisabilité ou même songer à cette possibilité si nous n'y croyons pas ou si nous ne l'acceptons pas. Il faudra donc dépasser cet obstacle juste pour le défi ou la curiosité d'en faire l'expérience.

Le *deuxième* obstacle possible nous éloignant de l'état zen est d'oublier systématiquement cette possibilité, de ne pas nous y arrêter, ou même de l'ignorer totalement. J'ai une cliente qui m'a récemment fait part qu'elle avait eu la chance de se voir offrir un séjour sans frais de quelques jours sur une des îles chaudes du Pacifique. À partir du moment où elle a cru en son rêve, celui-ci s'est alors réalisé. C'est exactement le même principe pour arriver à l'état zen. C'est très possible et réalisable en autant que, dans un tout premier temps, vous acceptiez d'y croire et que cette croyance puisse faire partie intégrante de votre vie.

Le *troisième* obstacle à l'état zen, c'est d'avoir la certitude qu'un tel état ne peut être atteint que par les moines, les illuminés ou les ermites. Ou de croire qu'il demande trop d'efforts, de temps ou de sacrifices, ce qui est tout à fait faux. Nous pouvons tous connaître cet état de ravissement et, en plus, beaucoup plus facilement que nous pouvons même l'imaginer.

Le *quatrième* obstacle à l'état zen vient du fait que très peu de gens ont eu la chance d'en découvrir les bienfaits. Par conséquent, très peu sont alors motivés à en faire l'expérience pour ensuite confirmer au reste du monde entier son existence. Nous savons déjà que nous sommes souvent notre pire ennemi.

Un autre obstacle serait qu'il nous faut bien admettre que nous n'avons pas appris ou plutôt que personne ne nous a enseigné comment être zen, ni quels sont les moyens pour le devenir. De plus, personne ne nous a dit qu'être zen était essentiel, en même temps que très possible. Pourquoi donc sommes-nous si loin de cette grande vérité? Peut-être parce que celle-ci a toujours été mal comprise. Jamais personne n'avait associé l'état zen à l'abondance, à la liberté, à la faculté de choisir et au pouvoir interrelié. Cet état était plutôt lié à « difficultés, rigueur, exigences » sans parler du temps à lui consacrer pour le devenir. Mais toutes ces idées sont fausses. Nous pensons qu'il nous faudra beaucoup de temps pour nous arrêter, méditer, visualiser, mais il n'en est rien.

Pourquoi hésiter à tenter cette expérience de l'état zen? Pourquoi ne pas aller de l'avant? Peut-être par peur, peur de voir trop de changements survenir dans votre vie, peur de voir certaines choses basculer ou s'anéantir, ou peut-être même peur d'être bousculé. Bien sûr, vous vivrez des changements, et de nouvelles expériences se présenteront à vous, mais tout se fera sans heurts, sans grincements, et *ces changements seront de plus très beaux*. Ils seront ceux que vous attendiez justement depuis si longtemps. Ne doutez plus, c'est inutile, car aussitôt que vous doutez, la vie vous laisse dans le doute. Par conséquent, vous n'accédez jamais à cette nouvelle existence qui vous est destinée, ou à vos rêves si bien enfouis que vous ne vous en souvenez même plus, sans compter que, par le fait même, vous vous empêchez d'atteindre des sphères plus élevées.

Nos doutes sont des traîtres et
nous font souvent perdre le bien
que nous pourrions gagner parce
qu'ils nous font craindre de le tenter.

– SHAKESPEARE,
Mesure pour mesure

LES MAUVAISES INTERPRÉTATIONS

Histoire vécue

Il nous arrive parfois, et même trop souvent, de mal interpréter un fait, une situation, une indication de la vie ou une intuition. Il y a déjà quelques années, j'étais adjointe administrative du directeur d'un centre d'accueil de la Mauricie et j'aimais beaucoup ce travail. Mon patron, ayant compris le rôle d'une véritable adjointe, me laissait beaucoup de latitude dans l'exécution de mes tâches, et m'avait octroyé en plus un certain pouvoir décisionnel. J'étais donc heureuse et ravie de travailler pour lui à ce poste.

Après une année à cet emploi, j'ai senti qu'il me fallait partir, même si je n'en avais aucune envie. Jour après jour, la vie semblait me dire de déposer ma démission. Je n'en comprenais pas trop les raisons et je doutais. Je faisais l'autruche jusqu'au jour où j'ai finalement compris d'une façon sans équivoque qu'il le fallait. Je devais accepter l'évidence de quitter ce travail, ce que je fis sans entrain, le cœur n'y étant pas. J'étais confiante malgré tout, connaissant la sagesse habituelle de mes intuitions antérieures qui m'avaient toujours amenée au bon endroit ou à bon port, ou aidée dans la poursuite de mes rêves et objectifs.

Quelques semaines plus tard, j'ai appris que le directeur général, mon ancien patron, avait lui aussi remis sa démission, après avoir embauché une dame pour le remplacer. Je la connaissais pour avoir déjà travaillé avec elle quelques années plus tôt, et je savais qu'elle ne partageait ni les vues ni les idées de mon ancien supérieur. J'ai compris alors pourquoi la vie m'avait signifié de partir. Je savais dès lors que je n'aurais pas été une bonne adjointe pour elle, nos visions et nos caractères étant trop différents.

Voilà le résultat de l'interprétation d'une intuition que j'avais eu du mal à accepter. Heureusement que je l'ai finalement suivie, même sans vraiment savoir pourquoi. Le départ de mon supérieur et l'arrivée de sa remplaçante me confirmèrent que j'avais pris la bonne décision en suivant ma petite voix, mais j'avoue que j'ai failli passer à côté.

■ ■ ■

Il n'est guère facile de définir le mot « zen ». Comme je l'ai mentionné précédemment, cet état a souvent été « mal traité » et très « mal interprété ». J'ai moi-même associé cette pratique aux moines, aux bouddhistes, aux grands sages, aux ermites, aux adeptes de différents groupes religieux et à certains philosophes, tous désirant atteindre un niveau supérieur de l'esprit. Comme plusieurs d'entre vous, je ne croyais pas que cette philosophie puisse me convenir. À tort, bien sûr.

Jusqu'au jour où je me suis posé cette question: et pourquoi pas? Pourquoi être zen ne me conviendrait-il pas? N'est-il pas aussi facile d'être zen que de ne pas l'être, c'est-à-dire d'être source de joie et d'harmonie? J'avais le pressentiment que choisir cet état éliminerait toute tristesse, peur, inharmonie, stress et panique en moi. Non pas que je vivais toutes ces émotions en même temps, mais il m'était parfois difficile de ne pas les éviter. Et j'avais bien raison.

Voyez-vous comment les mauvaises interprétations dues à l'ignorance, à la paresse ou à la nonchalance peuvent nous faire perdre du temps et nous inciter à mettre de côté certains éléments, idées, notions ou concepts tout à fait louables, bénéfiques et puissants pour nous? Ce faisant, nous nous privons de beaucoup de bonheur.

Il faut donc enfin voir dans le mot « zen » le qualificatif *facile* plutôt que le qualificatif *compliqué*. C'est tout simplement un état d'absorption et d'acceptation. Il n'y a pas d'autres éléments à saisir ou à comprendre. Il faut juste tout accepter, tout absorber. Par contre, les dix actions présentées dans ce livre bien mises en pratique feront de chacun un être pouvant absorber et accepter tout, s'assurant ainsi d'un bonheur constant.

N'est-il pas exact que nous pensons souvent que la vie n'est pas facile? Il s'agit là d'une fausse croyance. À partir du moment où nous absorbons tout, que nous acceptons tout avec brio et intelligence, la vie nous répond en conséquence, nous porte, nous soutient et devient facile. Elle nous veut débordants de bonheur, d'abondance, d'amour, de force et de ressources. Mais pour arriver à « déborder » ainsi, il nous faut d'abord et avant tout accepter ce qui est déjà.

Compte tenu de nos mauvaises interprétations, de nos difficultés à suivre nos intuitions, du peu de compréhension que nous avons des lois naturelles, nous tombons dans la servitude, nous vivons de grands manques, du ressentiment et du stress. Ainsi, nous devenons faibles devant la vie et ses défis.

Être zen ne se calcule pas en quantité. Il est faux de dire que nous sommes un peu, beaucoup ou moyennement zen, et en aucun cas, l'ordre de grandeur de cet état ne peut se chiffrer. Jamais, non plus, il ne sera possible d'en vérifier l'intensité, car *on* EST *tout simplement zen, sans l'être* PLUS *ou* MOINS.

En résumé, on est zen ou on ne l'est *pas*. Par contre, on peut l'être à certaines occasions et ne plus l'être à d'autres moments. Mais on ne pourra jamais dire: « J'ai été un peu zen ce matin. » Ou bien: « Je crois que j'étais complètement zen la semaine dernière. » Non, cet état ne se chiffre pas ni ne se quantifie.

Si nous sommes de plus en plus nombreux à être zen, nous apporterons beaucoup à la terre qui se verra elle-même changée. Tout sera source de réussite dans tous les sens du terme. Une vie zen va de pair avec une vie professionnelle et, de plus, les deux se fortifient l'une et l'autre. *À mon avis, l'une ne va pas sans l'autre.* Une vie chapeautée des trois éléments suivants : vacances, amour et zen sera source de grande plénitude tout en étant très productive en même temps. Elle sera une énorme contribution à la société. Vivre zen permet d'accéder en même temps à des sphères plus élevées, très valorisantes et passionnantes.

Soyez ouvert, sans plus... Amusez-vous sans être sceptique, ne critiquez pas et donnez-vous la chance d'avancer sans vous bousculer, sans tout chambarder. N'attendez rien, n'espérez rien, sachez seulement que la vie est beaucoup plus que ce que l'on pourrait même imaginer. Cette vérité devrait faire partie intégrante de notre vie et, à elle seule, elle peut en modifier rapidement le cours.

Le zen, c'est la vie: c'est l'art de vivre avec spontanéité, dans la plénitude de l'instant présent, et c'est la vie sans restrictions.

– TSAI CHIH CHUNG

LES IDÉES PRÉCONÇUES

Histoire vécue

J'avais l'idée préconçue qu'un divorce n'est jamais profitable aux enfants et qu'il faut l'éviter à tout prix, du moins tant qu'ils ne sont pas en âge de comprendre. J'avais alors décidé d'attendre avant de penser à divorcer; attendre quoi, je ne pouvais vraiment le dire. Pour diverses raisons (vision différente sur l'argent, le travail, les loisirs, l'éducation), rien n'allait dans notre mariage, sauf l'amour. J'aimais encore beaucoup mon mari, il me fascinait. Il avait toujours des projets en tête qu'il finissait toujours par réaliser. Je l'admirais. Nous avions cependant pris conscience que la vie ensemble n'était plus possible. J'ai alors demandé à la vie de me conseiller, de me donner un indice ou une réponse excessivement précise afin que je sache si nous devions divorcer sans attendre l'âge idéal pour mes enfants.

Voici ce qui arriva.

Une amie me demanda de l'accompagner à une neuvaine annuelle qui se tenait au Sanctuaire Notre-Dame-du-Cap, tout près de Trois-Rivières. Chaque mois d'août, cet événement attire des pèlerins du monde entier depuis des décennies. Chacun des prêtres et conférenciers invités était choisi et trié sur le volet. Leurs sujets devaient être d'actualité tout en présentant un intérêt pour un auditoire religieux, laïque et croyant.

Ce jour-là, le conférencier invité était une belle femme, de fine taille, très bien vêtue, âgée d'au moins 70 ans, si ce n'était davantage quoiqu'elle en paraissait à peine 55. Au début, j'ai cru qu'il s'agissait d'une religieuse. En fait, elle était plutôt mère de cinq enfants, et plusieurs fois grand-mère.

Elle s'exprimait clairement, distinctement et avec amour, tout en nous racontant son histoire. Elle avait épousé un homme incapable de prendre ses responsabilités, le père de ses cinq enfants. Son discours faisait état de toutes les embûches qu'une femme devait affronter dans les années 1950 en quittant son mari. Premièrement, prendre une telle décision à cette époque ne se faisait pas, ou se faisait très rarement. Lorsque c'était le cas, la femme était alors pointée du doigt par tous, et plus particulièrement par les siens. Deuxièmement, rien n'était prévu légalement pour obliger le père à payer une pension alimentaire, ne serait-ce que pour ses enfants. Troisièmement, le père n'étant pas forcé de débourser, il n'existait aucune aide sociale ou sécuritaire prévue pour la mère qui avait la charge seule de ses enfants. D'ailleurs, ajouta la conférencière, personne ne plaignait une femme qui quittait le foyer conjugal, car elle n'avait qu'à *ne pas le quitter*. C'était un fait bien connu que l'homme n'avait alors pour seul rôle que celui d'être le pourvoyeur, alors que le rôle de la femme était de s'occuper de ses enfants et de ne pas déplaire à son mari.

Comment, dans une telle situation, une femme pouvait-elle s'en sortir? Comment pouvait-elle même penser à quitter son mari? Comment pouvait-elle donner le meilleur aux siens? Était-il possible de se trouver un emploi susceptible de la faire vivre convenablement, de même que ses enfants? Sa conférence allait bon train, et elle ne manquait pas de nous exposer de différentes façons sa foi et son amour pour Dieu.

J'ouvre ici une parenthèse. Pendant ces neuvaines annuelles, l'assistance venait en grande partie de différents pays. Les directeurs d'un événement d'une telle envergure ne pouvaient, selon mon avis et celui de mon amie, avoir décidé de placer au programme, à une heure de grande écoute, un discours sur le divorce, par une femme de surcroît. Nous étions pourtant en 1995 et les idées sur le divorce étaient certes beaucoup moins arrêtées dans cet univers religieux catholique que dans les années 50 et 60, mais certainement pas au point de l'approuver en pleine neuvaine.

Tout le discours de cette femme avait été très bien préparé et laissait place à l'intrigue. J'ai donc présumé qu'il allait se terminer sur l'aide divine qui l'avait protégée de cette imminente séparation et qui l'avait surtout aidée à mieux supporter cette vie difficile avec un homme peu responsable.

Mais il en a été tout autrement. Ma surprise a été grande lorsqu'elle a terminé sur les avantages d'un divorce et de tout quitter quand l'harmonie et le bonheur ne règnent plus au foyer, ne serait-ce que pour les enfants. Elle a complété en disant comment la vie et Dieu sauront aider chacune de ces femmes ayant choisi de prendre une nouvelle direction. Elle a insisté sur le fait de ne pas hésiter surtout, en expliquant avec assurance que ces femmes trouveraient dans *la foi* et en Dieu toutes les solutions. Elle-même avait eu la chance d'être embauchée comme professeure de cuisine et de bienséance dans un couvent pour jeunes filles. Elle y est restée jusqu'à sa retraite.

J'ai compris que la vie me transmettait la réponse tant attendue à travers le témoignage de cette dame. Mon amie, très pieuse et croyante, a été très étonnée de cette surprenante conférence. Elle s'était même sentie dépassée tout au long du discours, car le mariage, pour elle, était sacré, un sacrement indissoluble. Elle ne s'expliquait pas non plus comment avait été autorisée une telle conférence sur la promotion du divorce dans le contexte d'une neuvaine. Quant à moi, grâce à ce même discours, j'ai obtenu ma réponse et j'ai compris qu'il fallait nous quitter, mon mari et moi. Cette séparation était inévitable et ne pouvait être si catastrophique pour nos enfants.

Tout comme pour cette dame, la vie m'a aidée à prendre une autre route. Mon mari et moi sommes devenus de bons amis plutôt que de bons époux, et nous avons poursuivi ensemble, malgré la séparation, l'éducation de nos enfants. Ceux-ci ont toujours été très fiers de voir de bonnes relations entre leurs deux parents séparés, et ils nous en remercient encore.

■ ■ ■

Comme je l'ai déjà mentionné dans mes deux livres précédents, une idée préconçue résulte de l'opinion qu'on se fait d'une chose avant même d'en connaître tous les faits, avant d'en être bien informé, et avant d'en avoir fait l'expérience.

Il est donc évident que l'esprit zen est rempli d'idées préconçues. On pense à Dieu, à l'ésotérisme, parfois même à certaines sectes. On oublie facilement, et peut-être même trop vite, que cet état peut s'insérer sans heurts dans la vie de tous les jours sans qu'elle soit liée d'aucune façon à toute image péjorative ou mystique. Je dirais même que cet état *doit surtout faire partie de notre vie.* Car être zen, c'est être libre en étant présent et attentif à chaque instant. Cette façon de vivre nous amène à ne plus penser aux difficultés, aux problèmes, aux listes à faire, car en étant présent à chaque instant, il est nettement plus difficile de nous inquiéter, d'avoir peur, de vivre dans le passé ou dans le futur. Les résultats seront tout autre, et nous apporteront un grand mieux-être.

Être zen peut devenir un véritable
état d'esprit et non une pratique.

– KATY GAWELIK,
Soyez le pilote de votre vie

LES QUESTIONS DEMEURÉES SANS RÉPONSES

Histoire vécue

J'étais à mes tout débuts dans l'apprentissage de « demander, croire et recevoir... » J'avais donc décidé de mettre à l'épreuve ce que je venais d'apprendre.

Ayant besoin d'une nouvelle voiture, j'ai demandé à l'univers une voiture usagée, assez récente ou en très bonne condition, luxueuse, puissante, avec une conduite manuelle, équipée d'une radio FM et d'un lecteur de cassettes. Je précise ici qu'en 1970, les voitures n'étaient pas systématiquement livrées avec une radio. C'était une option. De plus, il y avait le choix entre une radio AM ou AM/FM, ou AM/FM avec lecteur de cassettes. À peine quelques jours après avoir lancé cette demande, une amie m'appela pour m'annoncer que son mari venait de se fracturer la jambe gauche, et qu'il n'était donc plus en mesure de changer les vitesses de sa belle voiture Mazda sport RX4, et encore moins de la conduire. Il devait donc la vendre et s'en procurer une autre le plus rapidement possible, mais avec une transmission automatique. Deux heures plus tard, j'étais la nouvelle propriétaire de leur voiture et elle correspondait en tous points à ce que je désirais. Mais quelle surprise et quel choc lorsque j'ai réalisé que la radio syntonisait seulement les postes sur la bande FM. Il va sans dire que j'aurais également voulu une radio AM. Malheureusement, je ne l'avais pas demandé puisque j'avais précisé radio FM avec lecteur de cassettes. Normalement, une radio syntonisait toujours la bande AM quand elle captait la bande FM. Je me retrouvais donc avec un phénomène très rare et presque unique. Je dirais même que c'était quasi impossible d'avoir une radio seulement FM, mais comme vous pouvez le constater, l'univers peut tout et il a répondu exactement à ma demande. Il va sans dire que, par la suite, je me suis toujours assurée de bien vérifier chacune de mes demandes avant de les lancer à l'univers.

■ ■ ■

Pourquoi n'avons-nous jamais appris à pratiquer cet état zen et à vivre tout simplement, sans penser à hier ou à demain? Pourquoi pensons-nous qu'il est difficile de vivre pleinement cet état d'être? Pourquoi avons-nous choisi de souffrir? Pourquoi est-il si difficile de choisir le bonheur? De quoi avons-nous peur? Pourquoi ceci, pourquoi cela?

Aurions-nous peur de nous, tout simplement? Aurions-nous peur de ne plus être une victime, puisque nous connaissons mieux ce rôle que celui d'être une personne épanouie? Aurions-nous peur de nos dépendances que nous voudrions voir évoluer différemment?

Évidemment, de toutes ces peurs découle l'inconnu. Et l'inconnu fait peur. Peut-être pourrait-il nous jouer de vilains tours. Mais de toute façon, qu'on le veuille ou non, il est très difficile de le fuir complètement. Alors pourquoi ne pas l'intégrer quotidiennement dans notre vie et nous habituer à sa présence. Apprivoisons-le pour qu'il devienne tout simplement un ami, un compagnon de vie. Comment? En l'acceptant, et ainsi nous aurons fait un pas vers l'état zen.

Choisissons-nous de notre propre chef la souffrance, les petites douleurs, certains désagréments ou la lourdeur plutôt que la délivrance? Bien sûr que non, nous ne sommes pas si masochistes. Mais je pense que la souffrance fait tellement partie de notre vie qu'elle est devenue normale. Sachez qu'il peut en être autrement. Et la solution est simple. Il s'agit d'être *présent* au moment *présent*. Faites le test et vous verrez que cette solution vous éloignera rapidement de toutes les sortes de souffrance, car vous ne porterez plus votre attention sur celles-ci.

Nos parents, n'ayant pas appris de leurs parents à être zen, n'ont pu nous en transmettre les bienfaits. C'est pourquoi, à mon avis, il est grand temps de mieux en saisir les mécanismes afin d'être un exemple bien réel pour nos enfants, et ainsi leur céder en héritage cette magnifique façon de vivre et d'être.

Comme je vous l'ai déjà mentionné à quelques reprises, nous sommes ici sur terre pour vivre le paradis, la plénitude, l'amour et pour connaître l'abondance sous toutes ses formes. Ce faisant, c'est-à-dire en étant en vacances 365 jours par année, comblés d'amour et zen, nous nous assurons de transmettre cet héritage à nos enfants.

Si tu ne peux donner à tes enfants
les meilleures choses du monde,
donne-leur le meilleur de toi-même.

– H JACKSON BROWN

SERAIT-IL SI DIFFICILE D'ÊTRE ZEN?

Histoire vécue

Ma fille aînée, Marjorie, avait pris l'habitude de me dire quoi faire, quoi acheter, où aller, etc. En fait, elle décidait beaucoup pour moi et parfois elle prévoyait même mes activités et mes sorties. Ce comportement est assez rare et peu fréquent pour une jeune enfant, surtout que cela a commencé vers l'âge de quatre ans environ.

Un matin d'une journée de la semaine, elle m'a fortement recommandé de cuisiner un bon repas pour le midi, incluant un dessert maison, ce que je faisais rarement à cause du trop grand nombre de calories.

J'écoutais toujours ma fille, car ses suggestions s'avéraient à tout coup être utiles et sages. Il va sans dire que je ne cessais d'être étonnée d'avoir à mes côtés une si jeune enfant m'orienter ainsi par ses suggestions et idées sur ce que je devais faire.

Comme toujours, je l'ai écoutée. Lorsque la préparation du repas fut presque terminée, j'entendis le carillon de la porte. Je n'attendais personne et personne ne s'était annoncé. Quel ne fut pas mon étonnement quand je vis mes parents! Ayant eu une course à faire tout près, ils me firent la surprise de s'arrêter quelques instants pour voir les enfants et leur apporter de petites gâteries. Évidemment, je fus à mon tour heureuse de partager avec eux ce que j'avais préparé. C'était la première fois qu'ils arrivaient ainsi à l'improviste. Je peux vous assurer que ma surprise fut aussi grande que la leur devant ce copieux repas.

■ ■ ■

En fait, être zen ne peut pas être difficile. La vie est tellement bien faite. N'entendons-nous pas dire souvent que lorsque tout est compliqué, c'est que nous ne sommes pas à la bonne place, au bon endroit ou dans la bonne direction. La vie est souvent comparée à une rivière: elle ne va jamais à l'encontre de son propre courant, mais elle le suit naturellement. Parfois elle contourne tout simplement les obstacles et continue de couler. C'est exactement la même chose pour nous. Vivons en suivant le courant de notre vie, sans forcer, tout en nous donnant aussi la possibilité de sortir des sentiers battus, comme le fait la rivière en cas d'imprévus.

Cette manière de vivre et de penser est possible, simple, aisée et offre une certaine souplesse. Ce qui est peut-être le plus ardu, pour certains, c'est de penser à choisir cet état zen, ou de décider de mettre en pratique les actions présentées dans ce livre. Quand celles-ci feront partie intégrante de votre quotidien, vous irez de découvertes en découvertes. À partir du moment où vous déciderez de vivre et d'intégrer cette notion à votre vie, ou à votre façon de voir la vie, tout se mettra en branle.

Bien sûr, si vous pensez qu'il est difficile dans ce monde d'aujourd'hui d'être zen, ou si vous étiquetez cet état comme étant utopique, irréel, fou ou impossible, il en sera ainsi. De plus, être zen a souvent été synonyme de marginalité, sans qu'on sache trop pourquoi. Il est vrai que plusieurs moines, bouddhistes, religieux, ermites ou d'autres ont vécu cet état et ceux-ci sont souvent considérés comme des êtres un peu particuliers. Mais nous pouvons tous l'être, même si nous sommes, pour la plupart, aux prises avec nos responsabilités quotidiennes.

Je pense, sans trop me tromper, que beaucoup aspirent à l'être. Par contre, j'ai réalisé à maintes reprises au cours de différentes discussions ou entretiens avec amis, collègues ou clients, que cette façon de vivre était perçue comme difficile à entreprendre et, par conséquent, mise de côté.

Cela est tout à fait compréhensible mais en même temps inadmissible. Bien sûr, si nous pensons que c'est impossible d'y arriver, il ne faudra pas nous attendre à réussir.

Mais admettons que nous y croyons tous et que nous décidions tous ensemble d'être conscients de chaque instant vécu. Nous pourrions alors constater quelles bases solides nous serions en train de poser vers une volonté commune d'un monde meilleur, d'un monde zen. Ensuite, il deviendrait sans cesse de plus en plus facile de poursuivre, soutenus les uns par les autres, et d'être zen.

Ne sachant pas qu'il est possible d'être zen, ne sachant pas que nous vivons déjà cet état un peu chaque jour, nous n'en remarquons ni les effets ni les bienfaits. Pire, nous pensons qu'il faut tout reprendre de zéro. Quand, en fait, nous sommes déjà zen sans trop nous en rendre compte. Une fois admises son existence et la facilité d'y parvenir, nous nous ouvrons systématiquement les portes de cette grande aventure qui nous mènera sur la route du bonheur.

Hâte-toi de bien vivre,
et songe que chaque jour est une vie.

– SÉNÈQUE

QUAND SOMMES-NOUS ZEN ?

Histoire vécue

Une de mes clientes, ce jour-là, m'a trouvée particulièrement zen. Elle et son associée m'avaient invitée, pour me remercier d'un travail bien accompli, au restaurant durant la période des fêtes de Noël. Le repas fut excellent, très animé et mémorable pour différentes raisons. Une fois terminé, je leur ai proposé de les déposer à leur bureau. J'avais à l'époque une toute récente Honda Civic sport, deux portes.

Le temps était maussade et triste. De plus, la pluie et le verglas avaient fait en sorte que la serrure de ma portière était bien gelée, et rien n'y faisait pour réussir à la dégager. J'espérais être en mesure de déverrouiller la portière du passager, qui était plus protégée des éclaboussures de la circulation, mais ce fut sans espoir. À peine quelques demi-secondes plus tard, un gentil monsieur d'un certain âge s'approcha et, constatant le problème, arrêta la première voiture roulant sur la rue Saint-Denis. Il s'empressa de demander au conducteur s'il avait en sa possession le précieux liquide pour dégeler les serrures. (Indispensable liquide que l'on garde sans réfléchir à l'intérieur de notre voiture et qui était également dans la mienne.)

Quelle chance, il en avait. Notre bon samaritain s'empressa de lui emprunter pour en verser quelques gouttes dans la serrure. Instantanément, la serrure dégela et la portière put s'ouvrir. Il rendit au conducteur sa bouteille, puis tous deux repartirent aussitôt chacun de son côté. Je n'ai même pas eu la possibilité de remercier l'un ou l'autre, comme s'ils étaient descendus du ciel et s'en étaient vite retournés. Ma cliente et son associée ont été particulièrement heureuses de voir réglé si rapidement ce désagrément. En fait, elles se sont même questionnées quant à l'issue de cette mésaventure, croyant que toute cette affaire avait été planifiée à l'avance. Bien sûr, il n'en était rien. Je savais qu'il s'agissait là d'une histoire tout à fait normale et banale lorsqu'on vit l'état zen.

■ ■ ■

Au chapitre précédent, quelques exemples de moments zen ont déjà été cités. En voici quelques autres.

Nous sommes zen quand nous remarquons les moments où nous nous sentons bien, heureux et sereins. Si nous savons nous arrêter pour échanger un sourire, tendre l'oreille à quelqu'un qui demande à être écouté, et cela malgré nos nombreuses activités et notre horaire déjà bien chargé, nous le sommes. Un peu de patience envers l'autre, un simple regard rempli de courtoisie, une main offerte pour rendre service sont tous des petits gestes qui ne bousculeront pas trop votre vie ni votre agenda, mais qui auront des effets importants et des répercussions sur les autres, et d'abord et avant tout, sur vous-même, car votre énergie en sera décuplée.

Vous êtes zen lorsque vous acceptez tout, absorbez tout ou adhérez à tout ce qui *est*.

Être zen, c'est aussi avoir la capacité ou la prédisposition à générer le vide, pour ensuite l'emplir de notre pouvoir créateur, nous assurant une vie intense où il sera possible de nous dépasser, et de surpasser toute limitation, amenant l'abondance et la prospérité sous toutes ses formes.

Accepter et *absorber* apporte inévitablement une grande sagesse et beaucoup de maturité, lesquelles se transforment en une attitude de compassion, de dynamisme et d'amour face aux autres, à la vie et à ses possibilités illimitées, vous conduisant à votre plus haute expression. De cette manière, vous serez en mesure de bien remplir votre rôle sur cette terre et d'apporter à l'humanité une part nécessaire et importante qui n'existerait pas sans vous.

Ils sont nés, ils sont morts ;
Seigneur, ont-ils vécu ?

– Alphonse de Lamartine

SORTIR DE SES FIXATIONS NÉGATIVES POUR DÉCOUVRIR CE QU'EST VRAIMENT LA VIE

Histoire vécue

Il y avait déjà quelques mois que j'étais de retour d'Australie, et j'étais en processus de redémarrage de mon entreprise, laquelle avait vu le jour d'abord à Trois-Rivières pour ensuite se poursuivre en Australie.

Puis un jour, ma jeune sœur apprit qu'un organisme gouvernemental, ayant pour mission d'aider les jeunes entrepreneurs à démarrer leur entreprise, pouvait répondre à ma recherche de financement. Des ateliers de formation et une subvention étaient rattachés à ce programme d'aide. En deux temps trois mouvements, je me rendis sur place à Vaudreuil, tout près de là où je demeurais à Notre-Dame-de-l'Île-Perrot, pour obtenir de plus amples informations. On me répondit que je n'avais pas droit à une subvention, sans d'ailleurs m'en expliquer la raison. Comme j'ai toujours insisté sur le fait qu'il ne faut jamais quémander quoi que ce soit et qu'une subvention est toujours lourde de conséquences, je n'étais pas trop surprise. Mais une autre de mes croyances est de toujours s'attendre à la bonté de la vie, qui connaissait certainement mon désir d'obtenir cette subvention, car mes clients, qui se comptaient sur les doigts de la main, étaient très irréguliers.

Quelques semaines plus tard, mon conjoint et moi fûmes invités à souligner l'anniversaire de naissance d'un ami. Parmi les invités, j'ai fait la connaissance d'un jeune homme qui venait justement de quitter cet organisme, et il m'avisa que j'avais droit à ce programme. Il me suggéra fortement de présenter de nouveau mon projet, mais cette fois-ci à Montréal puisque mon entreprise y avait pignon sur rue. De nouveau, j'essuyai un refus, sans que l'on m'explique davantage la raison. Comme ce jeune homme avait déjà travaillé à cet organisme, j'en ai déduit qu'il devait certainement savoir de quoi il parlait, alors je le rappelai afin qu'il m'aide ou m'explique pourquoi on me refusait toujours cette aide. Je dois vous avouer que j'en étais maintenant rendue au stade de vraiment désirer cette subvention, ayant finalement accepté l'idée qu'un soutien financier n'était pas de la charité ou quelque chose de négatif. Il va sans dire que les événements tournèrent rapidement à mon avantage, et j'ai pu en bénéficier. J'ai été doublement gagnante, car les ateliers présentés m'ont réellement aidée, ont solidifié mes connaissances en gestion, et j'ai aussi appris à mieux maîtriser certaines notions comptables, légales et de marketing.

Je n'ai jamais su les raisons pour lesquelles, et à plusieurs reprises, les réceptionnistes ont décidé de ma non-éligibilité, d'autant plus qu'il m'a été facile de comparer mon projet à ceux des autres participants aux différents ateliers, et le mien ne dérogeait en rien des critères exigés. En fait, je crois que c'était principalement dû à ma première fixation, et la vie m'a répondu alors en conséquence.

■ ■ ■

Malheureusement, certaines fixations négatives face à la vie nous freinent ou nous emprisonnent trop souvent. Il faut nous en libérer, ou les renverser tout simplement, pour qu'elles deviennent positives ou qu'elles disparaissent.

Beaucoup d'entre nous n'ont pas toutes les informations nécessaires et importantes sur la vie et sur *ce qu'est vraiment la vie.* Et c'est désolant. Si nous avions appris dès notre jeune âge certaines lois élémentaires sur le fonctionnement de la vie, tout serait plus facile. Avez-vous déjà remarqué qu'à chaque nouvel achat d'équipement (informatique, bureautique, appareil ménager ou autres), un mode d'emploi est inclus, lequel en général contient plusieurs pages. Je trouve qu'un tel feuillet nous manque pour bien comprendre la vie, ce qui nous serait d'une grande utilité.

Si nous avions su exactement ce qu'*est la vraie vie*, nous aurions pu être davantage un exemple pour nos enfants, leur épargnant ainsi des peurs et des inquiétudes inutiles. De plus, mieux comprendre son fonctionnement nous aurait permis de gagner énormément de temps. Et nous serions beaucoup moins en quête de quelque chose ou de quelqu'un.

C'est quoi la vie? Comment faut-il vivre cette vie qui nous est donnée? Que veut dire « vivre »? Que veut dire « vivre et laisser vivre »? C'est quoi « vivre »? Savons-nous bien vivre? Qu'est le sens réel de la vie? *Qu'est vraiment la Vie?*

Combien sauraient répondre sans hésitation à cette dernière question? Est-il plus habituel de vivre dans le bonheur ou dans le malheur? Et pour tous ceux qui sont en mesure d'y répondre facilement, il y aura autant de réponses différentes qu'il y aura de perceptions et de gens.

- C'est quoi la vie? *La vie, c'est un don que l'on passe au suivant.*
- Comment faut-il vivre cette vie qui nous est donnée? *En remerciant pour tout et en éprouvant de la gratitude.*
- Que veut dire « vivre »? *Être.*
- Que veut dire « vivre et laisser vivre »? *Être et laisser être.*
- C'est quoi « vivre »? *Accepter, absorber et jouir.*
- Savons-nous bien vivre? *Nous saurons bien vivre quand nous déciderons de moins contrôler pour mieux tout accepter.*
- Qu'est le sens réel de la vie? *Son sens est depuis trop longtemps enfoui sous nos peurs, nos inquiétudes et nos ressentiments. En fait, son sens réel est de vivre libre du passé et de l'avenir, en étant attentif et présent à chaque petit instant.*
- Qu'est vraiment la Vie? *Ce n'est qu'un seul instant.*

Je sais, par mon expérience et mon vécu, et en questionnant régulièrement mes clients et clientes à cet effet, que pour beaucoup la vie est difficile. D'autres ne sauront même pas mettre en mots ce qu'ils pensent de la vie. Leurs réponses resteront plutôt vagues, imprécises et remplies d'incertitude. De plus, certaines croyances faussent leurs réponses. Plusieurs sont d'avis que la vie est difficile, et presque impossible à vivre à certains moments, en admettant toutefois qu'elle peut à certaines occasions être également facile. Pour d'autres, la vie ne sera qu'un passage sur terre plus ou moins glorieux, plus ou moins merveilleux, selon les périodes où ils en sont.

En fait, la vie est tout simplement le résultat de nos croyances ; et si nos croyances sont belles et faciles, notre vie sera par conséquent belle et facile.

Voici ma définition préférée de ce qu'est vraiment la vie : *la vie est une succession d'instants magiques et miraculeux. C'est aussi un passage merveilleux sur terre pour vivre de très belles expériences uniques (puisque je suis unique) de joie et de bonheur découlant de mes croyances remplies de joie et de bonheur. La vie est le résultat de tous les instants que j'aurai vécus, attentive et très présente* ici et maintenant, *faisant de la terre un paradis.*

C'est simple. Par contre, *nous* compliquons tout. Je peux très bien comprendre que vous puissiez penser qu'il soit impossible de vivre continuellement dans le bonheur et la joie. Pourtant, c'est bien possible. Tout ce que vous vivez est en fonction de vos croyances, de la qualité de celles-ci, et aussi de la qualité de votre attention portée à chaque instant. Si vous croyez que la vie ne peut pas être aussi facile, sachez qu'elle ne manquera pas de vous répondre en conséquence. Par contre, si vous croyez que vous êtes ici sur terre pour vivre chaque instant en étant bien présent et attentif à celui-ci, en acceptant tout, il en découlera *systématiquement et automatiquement* une vie harmonieuse et heureuse.

Vous savez maintenant que vos croyances influencent votre vie et la dirigent autant pour aujourd'hui que pour demain. Soyez donc alerte. Vérifiez aussi les fixations qui vous encombrent. Quelles sont vos croyances? Tendent-elles vers le facile ou le plus difficile, vers les soucis ou la confiance à toute épreuve? Selon vos réponses, seriez-vous en mesure maintenant de dresser son portrait pour les semaines à venir? Vos croyances seront-elles remplies de bonheur ou de malheur?

L'énoncé déjà bien connu de Allen, si ma mémoire est bonne, est également très juste: *la vie est exactement le reflet de nos pensées.*

En fait, ce qu'il faut retenir est que toutes les définitions de ce qu'est la vie sont bonnes et toutes les conséquences reliées à ces définitions s'avéreront toujours vraies, car la vie est ce que l'on pense d'elle, et elle nous fait vivre ce que l'on en pense. Les vaines fixations de plusieurs d'entre nous me subjuguent et me désolent à la fois, car j'ai peine à accepter que l'on puisse penser et imaginer que la vie est difficile, et j'ai encore plus de mal à accepter les résultats qui s'ensuivront. Mon rêve est qu'un jour tous croient en la beauté de la vie jusqu'à ce que cette croyance positive fasse partie intégrante du monde entier.

Je réalise toutefois, pour avoir vu de nombreux exemples autour de moi, que de plus en plus de jeunes, et même de moins jeunes, n'acceptent plus de travailler juste pour travailler ou pour seulement gagner leur pitance. Ils décident plutôt de quitter leur travail s'ils ne s'y sentent pas bien ou peu respectés. Et je les approuve entièrement, bien qu'il y a plusieurs années j'avais tendance à penser qu'il fallait savoir accepter ou endurer certains inconvénients ou désagréments. Mais un jour, j'ai compris qu'ils avaient raison. De plus, agir ainsi aide l'humanité, puisque chacun est alors porteur de joie plutôt que de mécontentement, de lassitude ou de tristesse. Et c'est une attitude qui fait boule de neige.

Voici deux dernières idées sur « ce qu'est vraiment la vie » :

- *C'est une aventure au cours de laquelle vous vivez dans les meilleures conditions sociales, amoureuses, professionnelles, familiales, et que vous n'êtes même pas en mesure d'imaginer, à la condition express de vous abandonner à elle par l'absorption et l'acceptation de tout, sans peur ni crainte.*
- *La vie, c'est l'outil magique pour vous conduire là où vous ne serez jamais capable de vous rendre, même en imagination, sans d'abord vous abandonner à elle.*

CHAPITRE 2

Dix actions simples et puissantes pour être zen 365 jours par année

---

MA PREMIÈRE EXPÉRIENCE ZEN

Histoire vécue

Lors de notre séparation et au cours du partage de nos biens, mon mari me demanda une faveur. Il voulait conserver un banc d'entrée de facture antique, assez haut avec un miroir, des crochets pour chapeaux ou vestes, et un rangement intégré dans le banc. J'adorais ce meuble que j'avais acheté plusieurs années avant de faire la connaissance de mon mari. Bien sûr, j'acquiesçai à sa demande.

Cependant, me départir de ce banc fut un gros sacrifice. Je savais qu'il me fallait donc absorber, me détacher, et accepter de le lui laisser. J'ai vite transcendé la peine de m'en séparer en étant présente au moment présent tout en lâchant prise sur ce meuble. Par contre, j'avais la certitude qu'il me reviendrait, si nécessaire.

Dès le lendemain, lors d'un dimanche d'été ensoleillé, journée idéale pour les antiquaires exposant leurs biens à l'extérieur, j'aperçus en plein centre de la route un meuble très similaire au mien. Que faisait-il là sur la chaussée? Je m'arrêtai pour l'examiner, constatant alors qu'il était encore plus beau que celui cédé à mon mari, car il était en chêne plutôt qu'en merisier. J'appris que des hommes avaient dû le déposer précipitamment en plein centre de la route pour aller régler d'urgence un problème. Il était bien à vendre, à un prix tout à fait correct, et j'en fis l'acquisition sur-le-champ. Sans cette urgence à régler par ces hommes, je n'aurais jamais pu voir ce magnifique banc, car il ne l'aurait certainement jamais déposé en plein centre de la route. Je remerciai la vie, et moi-même, pour avoir su d'abord me détacher, pour ensuite attirer à moi un autre meuble très similaire.

■ ■ ■

En fait, il serait plus juste de préciser que l'état zen est davantage une rencontre avec soi-même, avec le moment présent, avec son pouvoir intérieur dans l'acceptation, car rencontrer l'état zen est impossible.

Après ma première rencontre avec le moment présent qui m'a conduite à être en vacances 365 jours par année, pour ensuite découvrir l'harmonie et l'amour, j'ai alors senti au plus profond de moi-même l'état zen, ayant mieux saisi les rouages, les lois et le fonctionnement de la vie. C'est alors que j'ai vécu une sensation d'extase, c'est-à-dire une sensation de plénitude, d'absorption et d'acceptation. C'était vraiment euphorisant et surtout très puissant, me sachant ne plus être à la merci de qui ou de quoi que ce soit.

Retenons que vivre présent et attentif à chaque instant nous amène à être en vacances 365 jours par année, puis à être comblé d'amour, et enfin à être zen. Cela devient d'autant plus facile et naturel en adoptant et en pratiquant quotidiennement les dix actions proposées dans ce livre.

Reprenons le mot *acceptation* mentionné prédédemment. Il faut, bien sûr, faire la différence entre *acceptation* et *résignation*. Pour être zen, il faut accepter chaque instant. Ce qui veut dire qu'en aucun cas il ne faut dénigrer ou juger l'instant qui s'offre à soi. Accepter veut dire accueillir, recevoir tout, même ce qui nous semble difficile ou impossible à accepter. Pourquoi nous faut-il tout accepter et, de surcroît, *dans la joie*? Tout simplement parce qu'il n'y a pas d'autre alternative ni d'autre solution que l'acceptation.

En fait, *il faut simplement permettre à ce qui est, à ce que l'on vit à chaque instant, d'être et d'exister, sans le nier, sans le dénigrer, sans vouloir qu'il en soit autrement et, surtout, en étant un témoin réceptif plutôt que hostile ou agressif.*

Si vous décidez de ne pas accepter le moment présent, de maugréer ou de vous révolter, il va sans dire que vous vous éloignerez de l'état zen et, de plus, vous vous ferez du mal.

N'oubliez pas que toute réaction empreinte de non-harmonie et d'intolérance n'avantagera personne, tout en n'étant d'aucune utilité pour vous, sans compter qu'elle sera porteuse de violence.

De par la définition de la non-violence, il nous faut à chaque instant agir, penser, parler de façon à ce que toutes nos actions, pensées et paroles soient *utiles* et *aidantes*. Donc, ne pas « accepter le moment présent tel qu'il se présente » n'est ni utile ni aidant.

Le mot « résignation » a davantage une connotation de démission ou d'abandon, ce qui n'est pas un état souhaitable. Bien sûr, abandonner dans le sens de lâcher prise est zen, mais nous résigner comme si nous avions perdu la bataille ou perdu notre pouvoir est tout à fait à éviter.

L'acceptation sera toujours une action génératrice et créatrice permettant à votre pouvoir intérieur de se mettre à l'œuvre pour vous servir, comme n'importe quel mécanisme ou appareil utile, tandis que la résignation vous freinera, vous retardera et vous limitera, en plus de générer peu de débouchés ou de solutions louables.

Les énoncés de ce livre seront une balise pour vous aider à tout accepter. Sachez que dès que vous admettrez que tout est parfait dans votre univers, même si le contraire vous semble plus juste, votre univers deviendra toujours meilleur pour atteindre la perfection. Ainsi, vous deviendrez zen, ou plutôt vous serez zen.

L'homme heureux est celui qui, acceptant d'être malheureux, ne l'est plus.

– JULES LEMAÎTRE

MES RECHERCHES POUR ÊTRE ZEN PLUS FACILEMENT

Histoire vécue

De retour d'Australie, tout était à recommencer. Il me fallait trouver un nouveau logis, une nouvelle voiture, récupérer mes biens dans l'entrepôt de mon père, etc.

J'avais donc deux priorités. La première était de trouver rapidement une voiture pour faciliter mes démarches afin de me dénicher un nouveau chez-moi, mais comment y arriver sans délai ? Bien sûr, en acheter une ou en louer une était une solution, mais ce processus demande du temps et s'avère quasi impossible sans domicile fixe. J'avais décidé dans un premier temps de demeurer chez mes parents à Repentigny, alors que j'allais commencer un nouveau travail à Pointe-Claire le surlendemain. (J'avais eu la chance de me trouver un travail à partir de l'Australie, avant de quitter ce grand continent.)

La distance et la circulation assez importantes entre ces deux points m'obligeaient à trouver rapidement, et même sur-le-champ, une voiture. De plus, toutes mes tâches reliées à mon retour au Québec en seraient nettement facilitées. Sans automobile, je savais que je tournerais en rond et que tout serait pénible, long et compliqué, comme trouver où me loger, et sans adresse fixe, je ne pouvais me procurer une voiture. Je savais par contre que la vie m'aiderait, sans cependant être capable d'imaginer comment elle agirait.

Ma deuxième priorité était de reprendre contact avec un très grand ami. Ma « petite voix » ou ma « grande intuition » me dictait cette démarche et m'incitait à procéder tout de suite, sans plus attendre. Comme d'habitude, je l'ai écoutée. J'ai donc téléphoné à cet ami pour le rejoindre ensuite devant un café. Il m'avait manqué, car il connaissait ma vie, mon parcours, et j'appréciais sa sagesse, ses conseils et son amitié. Soudain, sans même que je lui demande quoi que ce soit ni que je lui fasse part d'un besoin, il me proposa sa voiture. Jamais il ne me serait venu à l'idée d'emprunter la voiture d'une personne pour plusieurs jours ou quelques semaines, et ce, pour des raisons évidentes. Mais Philippe, spontanément, a gentiment mis à ma disposition sa toute nouvelle voiture, le temps que je remette en place les bases de ma nouvelle vie à Montréal, ville que j'avais quittée dix-huit ans auparavant. Nous étions en août, la température était clémente et elle l'est restée pendant toute la période au cours de laquelle il me prêta son véhicule, tandis que mon cher ami s'est empressé d'utiliser sa moto, autant pour son travail, ses courses que ses loisirs.

Encore aujourd'hui, je lui dis combien son geste, son aide et sa générosité ont été d'une grande importance pour moi, pour l'utilité elle-même, bien sûr, mais aussi pour le sentiment de sécurité que j'ai ressenti devant cette immense tâche qu'est de tout recommencer à neuf. Quel beau cadeau la vie venait de m'offrir! Une fois de plus, j'ai réalisé qu'elle nous donne toujours tout ce dont nous avons besoin au fur et à mesure, et même davantage. Malheureusement, trop souvent nous n'attendons rien de la vie et nous ne comptons que sur nous-mêmes.

■ ■ ■

À la suite de ce grand bonheur venant de l'état zen, il me fallait vérifier certains éléments. Était-ce important pour moi d'être zen et de tout mettre en œuvre pour continuer à goûter ses bienfaits? Qu'en retirerai-je? Sera-t-il facile et possible d'assimiler facilement cet état dans ma vie quotidienne et dans la vie des autres, et ce, régulièrement et en tout temps? Serai-je gagnante ou perdante? Je ne savais plus.

Ce que je désirais par contre, et plus que tout au monde, c'était *d'être, de vivre heureuse, de voir ma vie harmonieuse et satisfaisante*, mais en aucun cas je ne voulais me retrouver à part des autres ou être perçue comme une fanatique ou bizarre. À cette époque, j'étais même convaincue qu'être zen n'allait pas de pair avec la vie quotidienne, professionnelle et familiale, c'est-à-dire avec une vie normale quoi! Ce qui m'amenait à penser que vivre zen ne convenait pas du tout à la vie dans le monde d'aujourd'hui.

J'ai alors questionné plusieurs de mes connaissances, amis et relations sur ce qu'ils savaient de la notion zen, et ce qu'ils en pensaient. Tous croyaient sincèrement qu'être zen ne devait pas être facile, que cela était surtout très exigeant et convenait davantage aux ermites et aux illuminés. Et pourquoi donc en était-il ainsi ? Était-ce la vérité, des clichés ? Était-il juste de croire qu'être zen ne puisse pas coller à la réalité d'aujourd'hui ? Je ne savais réellement plus.

Mais, comme à son habitude, la vie si merveilleuse a mis peu de temps à me répondre et à me faire comprendre et découvrir qu'être zen est un état tout à fait normal, ne comportant absolument rien d'indécent ou d'inusité. J'étais ravie de l'information reçue et j'étais décidée à poursuivre mon chemin en ce sens.

Cette découverte me fut précieuse et fantastique. Réaliser que la vie devait se vivre en étant zen m'apportait une grande joie. De plus, par mes recherches « essais et erreurs », j'ai vite saisi qu'être zen était plus facile que je le croyais et que cela n'était pas du tout douloureux, difficile, et ne nécessitait pas de rituels monastiques, un surcroît de travail, de peine et de solitude, tout comme je l'avais si souvent vu, lu et entendu.

J'ai poursuivi cette pratique par l'acceptation et l'absorption de tout dans ma vie. Ainsi, mes souffrances, petites, moyennes et grandes, se dissolvaient facilement. Mais pourquoi était-ce ainsi ? me demandais-je. Je me suis vite aperçue qu'en étant zen, je ne vivais que le moment présent. Et en poursuivant mes recherches, j'ai réalisé que certaines actions m'aidaient davantage. J'ai choisi les dix actions qui m'apparaissaient les plus puissantes et les plus proches de l'état zen, car j'avais remarqué qu'en les adoptant, ma vie prenait une tout autre tournure, bien plus agréable. Il me fallait donc toujours cibler ce but et surtout ne pas le perdre de vue.

J'ai donc pris l'habitude de m'écrire des pense-bêtes et de les afficher un peu partout dans mon environnement, autant au travail qu'à la maison, pour me rappeler de « tout accepter et tout absorber ». Je voulais que ce réflexe devienne instantané, presque inné chez moi. C'est ainsi que j'en suis arrivée à adopter dix actions qui, l'une après l'autre puis ensemble, m'ont permis de déclencher cet automatisme qui, à mon grand bonheur, est bien présent dans ma vie, même si parfois il a encore quelques ratés. Encore aujourd'hui, ces dix actions m'aident toujours.

Manifester son bonheur est un devoir;
être ouvertement heureux donne aux autres
la preuve que le bonheur est possible.

– ALBERT JACQUARD

Ne laissez pas le passé gaspiller le présent.

– WILL ROGERS

ÊTRE ZEN, EN AMOUR ET EN VACANCES

Histoire vécue

Après avoir vécu dix belles années avec mon nouveau conjoint, nous avons songé à nous marier. Les arrangements furent décidés dans l'harmonie, et nous nous aperçûmes au fur et à mesure des préparatifs tels que l'achat des alliances, le choix du lieu, le nombre d'invités, l'habillement, etc., que nous partagions la même vision et les mêmes idées sur le déroulement de la célébration de notre mariage.

Par contre, quand est venu le temps d'organiser notre voyage de noces, trop de possibilités s'offraient à nous. Et comme nous voulions choisir un endroit où ni l'un ni l'autre n'était jamais allé, tout semblait se compliquer.

De mon côté et secrètement, sachant que tout est possible, je voulais un voyage de noces hors de l'ordinaire, féérique, éblouissant, comme ceux dans les films d'amour, sans cependant qu'il nous en coûte une fortune. De plus, comme nous avions déjà pris une quarantaine de jours de vacances quelques semaines précédant notre mariage, nous ne pouvions allouer à ce voyage que six à sept jours. Devant notre ambiguïté, nous avons décidé d'arrêter notre choix ultérieurement.

Mes enfants, âgés de 23, 25 et 26 ans, étaient très fiers de nous voir prochainement mariés. Ils en parlaient à tout le monde. À un point tel que Marjorie a fait part, sans aucune arrière-pensée, de cette grande nouvelle à un ami new-yorkais, qui venait d'une famille très aisée. Celui-ci, pour faire plaisir autant à ma fille qu'à nous, proposa de nous offrir sa maison à

Marathon, près de Key West en Floride, pour une semaine sans frais, en guise de cadeau de mariage. Après quelques hésitations, nous avons accepté avec grand bonheur ce généreux et symbolique geste de félicitations.

Et quel magnifique voyage de noces nous avons vécu grâce à ce généreux cadeau. Tout se passa comme dans mes rêves. La maison était immense, très luxueuse et particulièrement bien meublée. Notre chambre s'ouvrait sur un agréable patio joliment décoré de meubles luxueux en rotin et entouré de fleurs et d'arbres exotiques, le tout jouxtant une immense piscine, recouverte d'un filet moustiquaire sur armature pour ombrager le tout et diminuer la chaleur intense de la Floride. C'était à couper le souffle!

Nous étions enchantés de profiter de ce havre de paix au bord de la mer, avec une plage privée, dans un décor enchanteur et digne des plus grands films d'amour. Pour couronner le tout, nous avions eu l'idée de louer une voiture décapotable. Il va sans dire que, dans un tel contexte, nous avons vécu de parfaits moments d'extase. En plus, le soleil et une douce chaleur nous ont accompagnés tout au long de notre séjour. Tout n'était que grâce, délices et amour.

Grâce à cet homme, à sa générosité, à sa bonté et à sa gentillesse, nous avons gravé dans notre mémoire un voyage de noces exceptionnel. Et, nous aussi, nous cherchons toujours à « donner au suivant », même si notre part est plus petite. Cette idéologie est, selon moi, extraordinaire et elle est la clé pour parvenir à un monde meilleur.

■ ■ ■

À la suite de très nombreuses lectures et d'expériences *essais et erreurs*, et à travers celles-ci, j'ai définitivement réalisé combien la gentillesse et la bonté sont des valeurs sûres, rentables et essentielles.

Démontrer bonté et gentillesse envers les autres est très fondamental, et ce, dans n'importe quelle circonstance. Je le répète: *primordial,* ce qui signifie avant de penser à votre confort, à certains retards accumulés, à une tâche importante à finir, au temps qui file, à un travail à remettre, etc. Il faut être présent à la personne devant soi, quelle qu'elle soit, et prendre le temps nécessaire pour bien l'accueillir, comme si elle était la personne la plus importante au monde. D'ailleurs elle l'est, puisque vous êtes en interrelation avec elle à cet instant précis. La vie saura vous remettre ce temps que vous prenez, d'une façon ou d'une autre.

Il est évident que le fait d'être zen, comblé d'amour et en vacances vous amènera sans difficulté à être d'une grande gentillesse et d'une grande bonté. Tout se tient, tout découle de l'un et de l'autre. Les réponses viennent au fur et à mesure. Et nous savons alors si nous sommes zen ou non, car notre corps, notre esprit et notre cœur le sentent et nous en informent.

Absolument aucune raison, bonne ou mauvaise, ne peut justifier de ne pas être *gentil* et *bon.* Prenez l'habitude d'apprécier chaque personne, sans vous en débarrasser, et en portant toute votre attention sur elle, comme si vous n'aviez rien d'autre à faire et que vous aviez tout votre temps. Vous verrez que cette attitude est magique, car elle permet une interaction de qualité sans pour autant qu'elle s'étire dans le temps. J'ai souvent pu constater que chaque fois que je cherchais à accélérer ou à terminer un entretien, il s'éternisait. Et d'un autre côté, chaque fois que je ne considérais plus la notion du temps, il se terminait de lui-même rapidement, sans heurts ou excuses inutiles.

Parfois, avec nos enfants ou nos adolescents, et lors de leurs moins bons coups, nous manquons de bonté et de gentillesse. Bien sûr, il ne s'agit pas non plus de ne pas les réprimander ou d'éviter de les corriger. Je veux simplement souligner qu'il faut agir avec bonté et gentillesse. Les antennes relevées vers le haut sauront vous aider et seront d'un grand secours.

Soyons bons avec les autres, et la vie sera bonne pour nous. Démontrons de la gentillesse à chacun, quel qu'il soit, et nous obtiendrons en retour ce que nous aurons donné. Le principe « de cause à effet », également appelé « le juste retour des choses », sera alors mis en branle. La vie n'est pas régie au hasard. Tous les scientifiques le savent. Le hasard n'a pas sa place. Tout découle du principe de cause à effet.

Ainsi, jour après jour, j'ai compris que la vie était d'une simplicité étonnante, désarmante et incroyablement prévisible, tout en étant mathématique. Exactement comme le fonctionnement de la loi de la gravité. Si vous tenez une pomme ou tout autre objet, dès que vous cessez de le tenir, il est attiré vers le sol. Il ne flottera pas, ni ne restera dans les airs. Il s'agit d'un fait incontestable. La vie est ainsi faite: soyez zen et, incontestablement, vous obtiendrez le résultat correspondant. N'en doutez jamais.

Plantons et nous récolterons. Pleurons et nous ne manquerons pas d'avoir encore plus de raisons de pleurer. Tout a été réfléchi, pensé et régi pour que nous soyons heureux et pour que chaque jour soit prospère. Tout a été calculé pour nous faciliter la vie. Mais, je ne sais trop pourquoi, nous avons faussé les données en choisissant d'être malheureux, de nous en faire et de nous inquiéter, d'oublier de sourire et de rire, d'avoir peur et de ne pas vouloir croire en la magie de la vie.

Il va sans dire qu'au tout début de mes constatations, j'étais quelque peu perplexe et sceptique. Je me suis mise à les vérifier, à les revérifier, à les valider, à les tester. Ce faisant, je me suis aperçue qu'il m'était de plus en plus facile de prédire avec justesse ce qui allait m'arriver dans les jours suivants, tout simplement en fonction de ce que je décidais à chaque instant, et en fonction de chacune de mes pensées. Et, comble de grand bonheur, la marge d'erreur était très faible.

Il m'était donc également possible de prévoir la suite des événements de la vie de mes enfants, mes amis(es), mes consœurs et confrères, que ce soit dans leur vie amoureuse, professionnelle ou sociale, en fonction de ce que je savais de leurs décisions, ou simplement à les entendre parler de leurs problèmes ou en les regardant agir, réagir, échanger. Non pas que je sois une voyante, mais tout simplement parce que j'ai appris que nos paroles sont des baguettes magiques, que notre attitude est une mesure et que la vie répond à celles-ci.

Voici un exemple: une amie avait l'habitude d'avoir des relations sexuelles avec un nouvel amoureux sans attendre de faire davantage connaissance ou sans garder en tête l'idée d'être courtisée ou fréquentée. Bien sûr, ses relations ne duraient jamais. La hâte entraîne la hâte. Hâte de commencer, hâte de finir. Selon le nombre de jours comptés entre sa rencontre et sa première relation sexuelle avec un nouvel amoureux, je savais combien de temps durerait cette relation. Tout est mathématique.

Un autre exemple: une amie de ma fille, après sa première journée de travail à son nouvel emploi, vint nous retrouver, ma fille et moi, et s'empressa de nous raconter ses impressions et comment elle avait aimé ses nouveaux collègues. Tout s'était bien déroulé, nous a-t-elle dit. Elle était heureuse d'avoir obtenu ce nouveau poste, même si elle avait encore beaucoup à apprendre. Elle était assurée de pouvoir bien remplir ses nouvelles fonctions grâce à ses acquis, à sa grande chance et à sa certitude que la vie l'aiderait, bien qu'elle n'ait eu aucune expérience dans ce domaine précis.

Encore une fois, je pouvais prédire, tout comme vous d'ailleurs, qu'elle serait remarquée dans l'entreprise, et qu'elle y connaîtrait l'harmonie, puisque sa façon de voir était harmonieuse. Elle aurait pu se plaindre, juger ses collègues, étiqueter son patron, dénigrer les façons de faire, etc.

Il va sans dire que commenter sa première journée comme elle l'a fait était de très bon augure.

N'oubliez jamais que le plus beau cadeau que
vous pouvez vous offrir, ainsi qu'aux vôtres
et à la terre entière, est de croire à la beauté
de la vie, à son aide et à sa magie.

MES DIX ACTIONS PRÉFÉRÉES

Histoire vécue

Comme tous les autres enfants, les miens adoraient eux aussi passer l'Halloween. Mais contrairement à d'autres mères, confectionner ces costumes m'était difficile et particulièrement pénible, quoique je n'aurais jamais opté pour acheter ceux offerts en magasin.

Je savais déjà qu'une solution se présenterait à moi et que le résultat serait excellent, sans trop savoir cependant comment j'y arriverais. Bien sûr, j'ai impliqué mes enfants, alors âgés de 4, 5 et 6 ans et demi, dans cette aventure en leur demandant d'abord comment ils aimeraient se déguiser. L'un voulait devenir une pizza; l'autre, un bouffon; et le troisième, une tortue Ninja. J'avais de beaux défis à relever.

Quelque temps avant cette fête, une très bonne amie est venue garder mes enfants pour quelques heures. Ceux-ci l'adoraient. À peine trois heures plus tard, de retour à la maison, j'ai aperçu trois magnifiques costumes sur des cintres, bien en vue dans la cuisine, suspendus aux boutons des portes du vaisselier. Comment avait-elle pu en si peu de temps obtenir de tels résultats? En tant qu'artiste, elle avait pris l'habitude de conserver dans le coffre de sa voiture tout ce qui pouvait être utile pour le bricolage ou la création, tels que différents tissus, des cartons de toutes les couleurs, des crayons, du papier, des échantillons de toutes sortes, etc. Grâce à son imagination, à sa patience, à son talent et à tout le matériel précieux dans sa voiture, les costumes d'Halloween avaient vu le jour. Ils étaient magnifiques. Pour le bouffon, elle avait déniché deux pièces de tissus imprimés, un avec des rayures et l'autre avec des ronds, qu'elle avait cousues ensemble verticalement. Le col très large était plissé élégamment et l'effet était fantastique. Ce costume était digne du plus grand bouffon.

Pour la pizza, elle avait découpé un grand rond dans un carton puis l'avait recouvert d'un tissu de la couleur de la pâte à pizza, sur lequel étaient collés des bouts de tissus représentant les formes et les couleurs du pepperoni, des champignons et du piment, etc.

La tortue Ninja était d'une étonnante réalité. Je n'ai jamais vraiment compris comment mon amie avait pu si bien rendre ce personnage vivant et si ressemblant en très peu de temps et avec peu de moyens.

Encore une fois, la vie, par l'entremise de cette amie, avait joué son rôle en m'épaulant dans cette tâche peu facile. Bien sûr, je n'ai pas manqué de la remercier de différentes façons, de même que la vie, pour autant de soutien.

■ ■ ■

Dans mes deux ouvrages précédents – au chapitre des *outils* dans le premier, et au chapitre des *lois* dans le second – je mentionnais tout le plaisir et l'intérêt que j'avais éprouvés lors de leur écriture. Et je ressens le même bonheur pour ce troisième livre et ses dix « actions ». Il s'agit là du cœur du livre, soit la partie à relire plusieurs fois afin de bien mettre le tout en pratique. Le but de ces actions est de vous amener progressivement à être zen et à vivre dans l'abondance, la prospérité et, par le fait même, dans la grâce tout au long de votre vie, et ce, 365 jours par année, minute après minute.

Maintenant que la notion du mot zen et de l'état zen est mieux définie, ainsi que l'importance de l'être dans notre quotidien, découvrons les actions faciles à adopter, et leurs objectifs afin de vivre le paradis sur terre jusqu'à la fin de nos jours.

J'ai vraiment porté une attention toute particulière, et au meilleur de mes connaissances, pour rendre ces dix actions simples et faciles à comprendre afin que vous ayez envie de les privilégier, de vivre cet état zen et de connaître l'abondance, l'amour, la prospérité, l'harmonie et l'équilibre.

J'ai choisi de les énumérer par ordre chronologique, c'est-à-dire en fonction du déroulement d'une journée. Dès votre réveil, il faudra, avant même de poser le pied par terre, privilégier les quatre premières actions. Les autres suivront et, bien sûr, chacune d'elles pourra être répétée plusieurs fois par jour, sans nécessairement suivre l'ordre suggéré.

Si vous les adoptez, les pratiquez et les assimilez consciemment, ces actions joueront, *et cela je peux vous l'assurer*, un rôle important dans votre vie et vous guideront *sans faillir*.

Elles vous dirigeront, vous aideront à prendre les bonnes décisions, à agir au bon moment, à poursuivre vos objectifs un à un, pour enfin réaliser vos rêves. Vous apprendrez également à ne plus vous poser de questions inutiles. Car celles-ci, vous l'aurez probablement déjà remarqué, restent toujours sans réponse ou, au contraire, contiennent tant de réponses toutes différentes qu'elles ne sont plus d'aucune aide ni d'aucun secours.

Rien n'est si contagieux que l'exemple;
et nous ne faisons jamais de grands biens
ni de grand maux qui n'en produisent
de semblables.

– FRANÇOIS DE LA ROCHEFOUCAULD

Action numéro 1.
CÉLÉBRER LE NOUVEAU JOUR DÈS SON RÉVEIL

Histoire vécue

Un soir, à quelques jours de Noël, une très bonne amie vint passer la soirée avec nous, puisqu'elle partait pour trois semaines de vacances chez sa sœur en Allemagne trois jours plus tard.

Au moment où elle se préparait à nous quitter, mon mari arriva de son travail, ce qui retarda quelque peu son départ. Soudainement, il lui demanda si elle voyait un inconvénient à ce que je parte avec elle. *Bien sûr que non*, répondit-elle sans hésitation.

J'étais tellement surprise que je n'étais pas certaine d'avoir bien suivi la conversation. Partir pour l'Europe et vivre trois semaines de repos me ferait tellement plaisir et j'en avais tellement envie. Ce serait mes premières vacances depuis la naissance de mes trois enfants, moi qui avais tant voyagé lorsque j'étais célibataire. Quel cadeau! J'étais ravie, mais était-ce possible? Y aurait-il encore des sièges disponibles dans l'avion? Aurais-je le temps de tout préparer avant de partir: cuisiner quelques repas à l'avance, prévoir la gardienne, terminer l'achat des cadeaux de Noël, préparer ma valise, etc.

La veille de cette même journée, j'avais accompagné mon mari à une soirée du club Optimiste et j'y avais rencontré une dame, propriétaire d'une agence de voyages, qui m'avait remis sa carte professionnelle. Je me suis donc empressée de la contacter afin de vérifier si le vol en question était complet. Je m'étais cependant mis dans la tête d'accepter le cadeau de mon mari à la seule et unique condition que je puisse partir sur le même vol que mon amie. Dans mon for intérieur, il était entendu que je ne ferais pas d'autres recherches dans le but de partir sur un autre vol.

Puis, cette dame me rappela assez rapidement pour me confirmer que l'avion n'était pas complet et que je pouvais partir sur ce vol. En plus, le coût était vraiment très raisonnable. J'étais au comble du bonheur, et tous mes préparatifs se firent comme par magie. Deux jours plus tôt, j'avais même eu la chance de faire l'achat de nouvelles bottes d'hiver confortables et parfaitement adaptées pour la marche et pour le temps humide des mois de décembre et janvier.

Quand j'ai foulé le sol européen, je ne cessais de me dire et de me répéter que jamais, au grand jamais, je n'aurais pu imaginer, deviner et même croire que je me retrouverais ici en Europe, à découvrir ce nouveau pays. Quel miracle! Merci à cette vie qui m'a accordé ces trois semaines merveilleuses sans qu'il en coûte une fortune, puisque le billet d'avion m'a été vendu à bon prix, la sœur de mon amie nous a hébergées pour une bonne partie du séjour et comme c'était le temps des vacances de Noël, mon mari n'a pas eu recours au service de gardiennage. En plus, mes enfants ont adoré leurs vacances avec leur père pour eux seuls.

■ ■ ■

DÉFINITION DU MOT CÉLÉBRER. Fêter, honorer, marquer un événement.

Alors, la première chose que vous vous devrez de faire maintenant chaque matin, et ce, pour le reste de votre vie, sera de célébrer chaque nouvelle journée.

Avant même de vous lever le matin et de mettre le pied sur le sol, débutez cette nouvelle journée qui s'offre à vous avec une pensée de gratitude et de célébration devant toute cette chance que vous avez, comme avoir un vrai lit, un toit, de la nourriture, etc.

Chaque journée est un événement en soi. Bref, ayez confiance, remplissez-vous de joie, ressentez toute sensation qui est reliée à la célébration d'une nouvelle journée. N'oubliez pas de marquer le tout en portant votre attention et votre énergie dans le *ici et maintenant* plutôt que d'être loin dans vos pensées, vos soucis, votre passé ou votre futur. Votre journée commencera donc sur un bon pied.

OBJECTIF. Les fêtes et les célébrations ont leur raison d'être pour répondre à différents objectifs tels que remercier, souligner un anniversaire ou un événement, le début d'un engagement ou la fin d'une période. En célébrant le nouveau jour, vous lui témoignez une marque d'attention spéciale et, en retour, soyez assuré qu'il vous offrira une journée en dehors de la routine et peu ordinaire.

AVANTAGES. Pourquoi est-il préférable de commencer chaque jour ainsi? Célébrer est d'abord porteur de joie; par conséquent, débuter votre journée sur une telle note aura des effets nettement plus agréables que de l'entreprendre avec lourdeur ou lassitude. Cette première action est génératrice d'une grande force que vous ne manquerez pas de ressentir tout au long de la journée. Célébrer serait comparable au levier qui permet de soulever un poids lourd. Sans lui, vous n'y arriveriez pas. Donc, sans célébration, votre journée pourrait être plus difficile à porter et à soulever. En retour, la vie fera sa part en vous fournissant tous les éléments nécessaires correspondant à votre ressenti matinal de fête et de joie. Comme vous le savez, vous attirez dans votre vie le résultat de ce que vous pensez. Chaque jour sera donc le reflet de cette célébration matinale.

Souvent, à l'occasion d'une célébration, d'une fête ou d'un événement spécial, on fait appel à un animateur. Il aura pour rôle de faire de cette occasion une réussite à tous points de vue grâce à son talent, son énergie et son imagination. Il en sera de même pour cette première action. Et vous en retirerez par conséquent les mêmes avantages, c'est-à-dire que vos journées ne seront jamais ennuyeuses, mais plutôt toujours remplies de moments inoubliables, de vitalité, et vous serez rarement déçu. De plus, tout sentiment lourd et négatif se dissipera.

Tous les matins, portez une attention particulière à votre ressenti intérieur et gardez la tête haute. Ressentez de la confiance, de la joie et non de la tristesse ou de la lassitude afin qu'au cours de cette même journée se manifestent des événements joyeux, exactement de la même trempe que votre ressenti du matin, comme le reflet d'un miroir.

Ce que vous ressentez le matin, vous le vivrez durant la journée. N'est-ce pas merveilleux? Prendre conscience de ce fait est, à mon avis, un moyen sûr de décider de passer à l'action et de consacrer tout votre temps à célébrer plutôt qu'*à vous désoler ou à vous en faire*. Très vite, vous vous verrez propulsé dans la vie dans les meilleures conditions possibles. Vous aurez su vous créer une vie à la hauteur de vous-même et de votre capacité à ressentir la magie, l'espoir, la beauté et surtout l'amour.

Relevez vos antennes aux commissures des lèvres et, rapidement, vous serez étonné d'atteindre votre plus haute expression, ce qui signifie que vous ne serez rien de moins qu'un être ayant pris sa véritable place sur cette terre. Les fêtes et les célébrations allègent le cœur. Et celles-ci ont cette particularité de chasser les soucis. Profitez-en pour déposer ces derniers dans une grande boîte et ne plus vous en occuper.

Décidons de nous lever chaque matin en *célébrant*, en accueillant tout avec bonheur. Et nous serons assurés d'emprunter le plus court chemin pour aider notre âme, notre cœur et notre tête à *être zen* et débordants d'énergie et de vie. Et la vie nous apportera tout ce dont nous aurons besoin pour y arriver.

Comprenez-vous la différence entre commencer votre journée en mode *plénitude* plutôt qu'en mode *platitude*?

Soyons honnêtes envers nous-mêmes, acceptons et réalisons une fois pour toutes que la monotonie de nos pensées engendre la monotonie de notre vie, comme travail-boulot-dodo. Ne désirons-nous pas tous une vie fabuleuse où le travail serait notre mission et notre passion et pour lequel nous serions payés pour faire ce que nous aimons. Soyons heureux, même sans aucune raison spécifique, et nous le deviendrons. Nous aurons alors toutes les raisons pour continuer de l'être. Célébrons chaque instant, chaque minute; célébrons tout!

Célébrer demande peu d'efforts mais rapporte énormément, et il en découlera de la magie. N'est-il pas fantastique et prodigieux d'entreprendre sa journée en mode *célébration* plutôt qu'en mode *dépression*, lequel engendre la fatigue, le découragement, la peur, le blâme, la critique, le mécontentement. Votre vie aura une tout autre signification, et aura des couleurs et des saveurs éclatantes.

Après l'art de faire de belles actions,
l'art le plus glorieux est de les célébrer.

– NICOLAS-JOSEPH GILBERT

Action numéro 2.
ARRÊTER DE PROCRASTINER ET DE PERDRE SON TEMPS

Histoire vécue

À l'époque, nous demeurions à Montréal et nous passions nos fins de semaine à notre grande maison à Notre-Dame-du-Mont-Carmel dans la région mauricienne. Ayant trois jeunes enfants, cela faisait beaucoup à penser, à apporter, à gérer et à ne pas oublier. Nous avions presque tout en double pour nous faciliter la vie, mais parfois les choses en double se retrouvaient au même endroit. Un dimanche soir, juste avant de quitter pour revenir à Montréal, mon mari s'inquiéta à plusieurs reprises de sa valise, à savoir si je l'avais bien mise dans le coffre arrière de la voiture. Chaque fois, ma réponse était affirmative... J'avais même vérifié à deux reprises.

Quand nous sommes arrivés à Montréal, mon mari, dans tous ses états, chercha sa valise et ne la trouva pas. Je fus étonnée, car elle était juste devant ses yeux. En fait, il ne cherchait pas sa valise de vêtements, mais celle contenant tous ses dossiers et documents. Quelle erreur d'interprétation catastrophique! Pour moi, une valise sert à transporter les vêtements, et un porte-documents est utilisé pour les dossiers. Je compris alors que celui-ci était bel et bien resté à la campagne. Je ne pus en aucun cas blâmer mon mari.

Heureusement, je croyais depuis longtemps aux miracles. Mon mari en avait besoin dès le lendemain matin et ne méritait pas d'être pénalisé en retournant récupérer son porte-documents à deux heures de route, et je savais pertinemment que je ne pouvais pas m'y rendre non plus pour différentes raisons. J'ai alors demandé, sans plus attendre, à la vie de nous rapporter cette valise et le plus rapidement possible.

Je me suis empressée d'appeler notre voisine de Mont-Carmel qui, en fait, était la tante de mon mari, afin de voir si elle pourrait, dès la première heure le lendemain, faire le nécessaire pour déposer le porte-documents à la station d'autobus de Trois-Rivières pour que nous puissions le récupérer au terminus à Montréal. Quel ne fut pas mon étonnement lorsqu'elle m'apprit que, dès le lendemain matin à 8 heures, elle serait à Montréal pour accompagner sa belle-fille à un cours de chant dans une école située tout près de chez nous. Quelle providence ! Quel miracle ! Quelle joie ! Et merci à la vie...

■ ■ ■

DÉFINITION DE PROCRASTINER. Tendance à différer ou à remettre à plus tard ou au lendemain.

OBJECTIFS. Cesser d'attendre le meilleur moment pour accomplir ce que vous avez à faire. Un autre objectif est d'agir tout de suite, éliminant du coup toute culpabilité et, par conséquent, de n'exécuter une tâche qu'une seule fois plutôt que de vous y remettre plusieurs fois. Ne plus repousser sans cesse une tâche en pensant et repensant toujours au moment où vous devrez vous en acquitter. En dernier lieu, vous sauverez un temps précieux.

Ce dernier livre de la trilogie *365 jours par année*, qui présente le thème zen, se veut être une finalité aux deux précédents – *être en vacances* et *comblé d'amour* – afin de vivre une vie harmonieuse, parfaite et zen. Cette deuxième action, soit celle d'arrêter de procrastiner et de perdre son temps, jouera un rôle très important pour parvenir à cette vie heureuse et fera définitivement partie de ce programme.

Ne pas avoir accompli ce qui aurait dû l'être est très lourd de conséquences, même s'il n'y paraît pas toujours. Cessez donc d'appuyer chaque matin sur le bouton de votre réveil pour que celui-ci vous somme trois fois plutôt qu'une de vous lever. Quelle perte de temps et quelle torture!

Procrastiner et perdre son temps se complètent et vont de pair malheureusement. Aussitôt que vous cesserez l'un, l'autre cessera automatiquement. En fait, l'un ne va pas sans l'autre.

AVANTAGES. L'idée d'exécuter vos tâches sans toujours les remettre à plus tard vous sauvera de l'énergie et un temps considérable. Vous témoignerez également un grand respect pour vous-même. Donner suite à vos projets que vous avez trop de fois retardés mais qui vous tiennent pourtant à cœur sera également une marque de bonté pour vous-même. Vous vous éviterez beaucoup de déceptions et vous atteindrez plus rapidement vos buts. Vous ne pourrez plus vous en vouloir, compte tenu que vous ne ressentirez aucune culpabilité liée à ces retards et cette procrastination. Vous serez libéré et, bien sûr, plus zen.

Cesser de procrastiner et de perdre votre temps aura de grandes répercussions dans votre vie. De plus, vous serez étonné d'avoir plus de temps à votre disposition de même que plus d'énergie. Vous vous sentirez à la fois plus léger et plus en contrôle.

Quand perdez-vous votre temps? Le matin, quand vous vous accordez quelques minutes de plus au lit, lesquelles sont davantage une torture qu'un bienfait. Ou devant votre téléviseur, même s'il peut être une grande source d'information et d'apprentissage, et l'écoute de plusieurs téléromans demeure une perte de temps. Quand vous vous adonnez à des jeux en ligne ou autres qui ne font avancer ni vos projets ni votre vie. Toute modération a bien meilleur goût, comme le dit si bien la publicité. Bien sûr, il ne s'agit pas de cesser de vous amuser ou de jouer, bien au contraire, mais plutôt de savoir reconnaître l'abus et de rechercher l'équilibre.

Il est très facile de constater quand vous perdez du temps ou non. Chaque fois que vos antennes situées aux commissures des lèvres (voir p. 51 du livre *Et si vous étiez en vacances 365 jours par année?)* ont tendance à descendre vers le bas, vous perdez probablement votre temps. Dès que vous êtes en mode *action* et non en mode *procrastination* vous vous sentez bien, car vous êtes proactif. Vous n'êtes donc pas en train de perdre votre précieux temps. Soyez alerte et portez régulièrement une attention sur votre ressenti, vous aurez alors votre réponse.

Si vous remettez tout sans cesse à plus tard, vous remettez également votre vie à plus tard.

Mon passe-temps favori, c'est avoir du temps,
prendre mon temps, vivre à contretemps.

– FRANÇOISE SAGAN

Vivre à même l'éternité,
c'est vivre au jour le jour.

– EMIL MICHEL CIORAN,
La tentation d'exister, 1956

Action numéro 3.
BIEN RESPIRER ET SORTIR DEHORS LE PLUS SOUVENT POSSIBLE

Histoire vécue

À mon arrivée en Australie, j'avais décidé de vivre à Coffs Harbour plutôt qu'à Emerald Beach. La ville était plus grande et je comptais y travailler. Je vivais dans une gentille famille australienne et je m'y sentais vraiment bien, d'autant plus que leur maison était située juste à côté de la mer.

Mais tout près, une jolie maison neuve à deux étages, toute rose, m'attirait beaucoup. Chaque fois que je passais devant, je rêvais de l'habiter. Elle avait de grandes fenêtres, un beau parterre et l'écriteau à louer m'interpellait. Il va sans dire que mon statut de touriste m'empêchait de la louer. Combien de fois me suis-je dit intérieurement que tout était possible et qu'en fait rien n'indiquait que je n'allais pas un jour pouvoir y habiter, même si le contraire semblait beaucoup plus réaliste. J'étais toujours étonnée de mes propres réflexions. Souvent, j'entendais même une petite voix me rappeler: « Avec toi, on ne sait jamais, tout est possible. »

Et voilà qu'un matin, une amie française que j'avais connue quelque temps auparavant et avec qui je sympathisais beaucoup m'appris qu'elle devait quitter son appartement, car son propriétaire venait de vendre la propriété où elle demeurait. Elle n'avait que deux jours pour trouver à se loger et emballer ses affaires. Quelle bonne nouvelle!

Sans hésitation, je lui suggérai d'aller visiter cette maison à louer qui me fascinait tant. Je m'empressai de l'informer de mon désir de partager cette grande demeure avec elle, si elle le souhaitait, lui permettant ainsi d'en diminuer le coût de location. Et comme chaque jeudi soir je quittais la ville pour me rendre chez un ami pour le week-end, afin de l'alléger de quelques tâches sur sa plantation de *tea tree oil*, il va sans dire que l'idée était excellente pour chacune de nous.

Deux jours plus tard, nous étions emménagées dans notre nouveau domicile avec une vue superbe sur la mer. Cette maison était très agréable autant à l'intérieur, qui était divisé en de très belles pièces avec de larges ouvertures, qu'à l'extérieur avec sa petite terrasse adjacente à un jardin où les odeurs salines et le parfum des fleurs ne pouvaient nous laisser indifférentes. De plus, d'un côté, nous avions la mer et de l'autre, nous pouvions entrevoir un joli petit cours d'eau entouré de belle verdure se frayant un chemin vers la mer. Quel beau cadeau que la vie m'apportait !

■ ■ ■

DÉFINITION DE RESPIRER. Voici tel qu'inscrit sur Internet : *inspirer de l'oxygène et rejeter du gaz carbonique.*

Sur le site *www.goofiit.com*, il est écrit : *Nous effectuons en moyenne 15 000 respirations par jour, la majeure partie du temps de façon parfaitement inconsciente. Pour beaucoup, c'est un acte banal : on inspire (on remplit ses poumons d'air), on expire (on l'expulse). Mais cette définition est incomplète; elle ne représente pas ce qui caractérise une bonne respiration. Le rôle de la respiration est pourtant capital! Apportant l'oxygène, elle assure la vie des cellules, des tissus et des organes en les régénérant et elle permet au système musculaire de produire de l'énergie. Une bonne respiration permet une meilleure assimilation des aliments, une meilleure combustion des graisses, une meilleure régulation des fonctions digestives (prévenant ainsi les problèmes de constipation).*

En fait, bien respirer n'est pas si facile. Comme cet ouvrage ne traite pas de la respiration en tant que telle, mais plutôt comme une action à privilégier pour être zen, je vous incite à vous documenter à ce sujet.

J'ajouterai cependant que bien respirer sera plus facile, et que chacune de vos respirations sera beaucoup plus profonde si vous prenez le temps d'être *conscient de l'action en elle-même*, même si vous ne connaissez pas la véritable technique et que vous l'appliquez mal. Bref, soyez attentif à chacune de vos premières respirations du matin. Soyez conscient de chacune d'elles, car les premières de la journée sont les plus importantes.

OBJECTIFS. Bien sûr, le premier objectif de respirer est de vivre, et de vivre vraiment, car ne pas respirer mène à la mort. En vous appliquant à bien respirer, vous réaliserez que vous *êtes vraiment en vie* et que vous existez. Un autre objectif sera d'éliminer les toxines ainsi que les pensées négatives inutiles.

Quand vous prendrez conscience, le matin, d'inspirer de l'air neuf de qualité, inconsciemment vous ferez entrer dans votre vie du neuf de qualité. Voilà pourquoi il faut en tout premier lieu débuter votre journée avec des poumons bien remplis d'air et symboliquement remplis de vie.

AVANTAGES. Bien respirer et aller dehors le plus souvent possible aura de nombreux effets purificateurs et régénérateurs sur votre corps, vos pensées, votre santé et votre vie en général. Ces deux actions vous énergiseront, vous reposeront et favoriseront l'ensemble de votre système nerveux.

Chaque fois que vous marcherez ou passerez près de gros arbres, profitez-en pour vous y arrêter quelques minutes. Prenez un moment pour bien respirer sous leur ombrage. Prenez conscience de votre respiration, respirez profondément en gardant toute votre attention sur chaque inspiration et expiration. Essayez même de l'allonger à son maximum, ou faites en sorte qu'elle soit plus longue qu'à l'habitude. Soyez attentif à l'air qui entre dans vos poumons en vous disant qu'il vous régénère, et à l'air qui en ressort en pensant que les toxines dans votre corps s'évacuent. Voyez cet air comme un bienfaiteur jouant le rôle d'un filtre nettoyant qui vous remet à neuf tout en étant très énergisant. Nous savons déjà que les arbres sont des filtres qui assainissent l'air, c'est pourquoi il faut être si vigilants à les protéger.

N'hésitez pas à marcher souvent là où se trouvent de vieux arbres afin de bénéficier de l'air plus sain qu'ils procurent. Vous jouirez alors des meilleures conditions pour bien vous oxygéner, mieux créer, trouver de nouvelles idées ou concepts et, par conséquent, faire avancer votre vie ou vos projets. N'est-il pas plus profitable pour votre âme, votre cœur et votre tête qu'ils soient remplis d'air sain et régénérateur plutôt que d'air vicié et malsain. Réalisez et ressentez en votre centre – donc en plein plexus solaire ou tout au fond de vous-même – un grand espace, de la beauté, de la verdure, de bonnes odeurs, etc.

Le ciel, les arbres, les plantes, les fleurs sont sources d'inspiration, de force, de plénitude, d'abondance. Tout est dans la nature. Tout ce que l'homme a inventé, la nature l'a déjà créé. Tout sans exception. Plus vous irez dehors, plus votre vie sera zen et harmonieuse, même sous la pluie.

Rapidement, vous comprendrez l'importance de cette troisième action qui, à mon avis, est une porte d'entrée vers le meilleur, vers l'infini et aussi vers de plus grandes réalisations.

Si vous manquez d'air, autant mentalement que physiquement, ou si c'est mal aéré chez vous ou à l'intérieur de vous-même, comment pouvez-vous vivre dans l'extase? Bien sûr, faire de l'exercice physique, aller dans un gym ou tout autre entraînement du même genre sont d'excellentes sources d'oxygénation. Faire ces mêmes exercices à l'extérieur serait certainement idéal et plus efficace quand cela est possible.

Rappelez-vous que bouger dehors, penser dehors, inspirer et respirer l'air de l'extérieur doublera votre énergie et votre efficacité.

Au contraire de ce que nous pouvons penser, être zen veut dire plus que méditer sans bouger. Pour être zen, il faut vivre en harmonie avec soi-même, avec les autres et avec la vie. Ne pas vous encrasser et aller dehors le plus souvent possible est donc nécessaire à votre mécanisme physique et psychologique. Il faut sortir de chez soi et de sa zone de confort pour profiter d'une vie stimulante et captivante.

Marcher sous la pluie est une action très inspirante, en plus d'être un grand bonheur dont il ne faut pas nous priver. La pluie bouge, crée des formes, nous bouscule parfois. Les enfants aiment s'amuser sous la pluie, alors pourquoi avons-nous perdu cette bonne habitude? Avec un bon imperméable et de bonnes chaussures de pluie, vous ne remarquerez même plus la pluie. Profitez-en pour écouter les bruits, et observez. Vous reviendrez à la maison complètement nettoyé, dans tous les sens du mot.

Quand je fais mention d'aller à l'extérieur le plus souvent possible, d'aller respirer profondément, il ne s'agit pas d'activités coûteuses. Si vous pouvez faire du vélo, tant mieux. La marche est, bien sûr, une autre excellente façon de prendre l'air. L'hiver, le ski de fond, le patin, la raquette sont d'excellents moyens de vous retrouver dehors et de vous ressourcer. Avoir les vêtements adéquats pour être à l'aise et ne pas avoir froid est primordial afin de bien jouir de ce temps passé à l'extérieur. Réunissez les bonnes conditions et sortez dehors le plus souvent possible. Évitez de passer des journées entières à l'intérieur. Faites en sorte que chaque instant soit parfait et régénérateur. Rechargez vos piles.

De toute façon, je ne vous apprends rien de nouveau. Je ne *veux* qu'attirer votre attention sur le fait qu'être zen demande d'adopter dix actions importantes toutes faciles d'exécution, et bien respirer fait partie de l'une d'elles ainsi qu'aller *dehors* le plus souvent possible. Vous vous assurez ainsi d'éloigner les malaises et les maladies.

Donnez-vous chaque jour tout le temps nécessaire pour cette troisième action. Ne croyez pas que cela vous sera impossible, car bien respirer et aller dehors le plus souvent vous aidera à trouver les bonnes solutions, à prendre les meilleures décisions et à voir clair. Au retour, vos tâches les plus ardues sembleront allégées et, surtout, elles seront exécutées dans de meilleures dispositions. Bref, vous sauverez du temps et vous serez plus efficace.

Respirez, bougez, sentez, aérez-vous. Par la suite, vous verrez que vous vous accorderez de plus en plus de temps, et cela sans effort, car votre cœur, votre corps et votre âme vous le réclameront. Évitez cependant de vous réserver une plage horaire pour cette action, car elle deviendra alors une tâche supplémentaire à accomplir, et là n'est pas le but. Faites-le spontanément, sans y avoir pensé préalablement, tout comme vous vous lèveriez pour vous préparer une bonne tisane. Je déteste moi-même avoir des listes de tâches à faire au cours de la journée ou de la semaine, il va sans dire que je n'en rajouterai pas à la vôtre.

L'air est gratuit, tout en n'ayant pas de prix.
Profitons-en au maximum.

Action numéro 4. OBSERVER, ÉCOUTER LES BRUITS ET CONTEMPLER

Histoire vécue

J'ai toujours aimé écouter les bruits et le silence. À l'époque, je n'avais pas encore réalisé toute la puissance de cet exercice, ni les bienfaits que je pouvais en retirer, tels que prendre du repos, trouver une solution, et parfois même recevoir un avertissement.

Un certain samedi matin, portant comme d'habitude une attention particulière aux sons extérieurs, il m'a semblé percevoir quelque chose d'anormal, sans savoir quoi exactement. Je me suis alors précipitée dehors, en plein hiver. Je savais que mon mari était sur l'autre rive de notre petit lac. Il traçait en motoneige des pistes de ski de fond, en tirant un appareil conçu à cet effet. Mais je l'ai vu plutôt courir (on aurait même dit qu'il volait) malgré ses lourdes bottes s'enfonçant dans la neige épaisse. Ce n'était pas du tout son genre de courir ainsi ni de s'énerver, et encore moins de pratiquer ce genre d'exercice, ce qui m'inquiéta grandement. J'ai regardé alors vers l'endroit où il se dirigeait. Quel affolement quand j'ai vu une fissure dans la glace d'où j'entrevoyais un petit bout de la tuque de mon fils David-Alexandre, alors âgé de 5 ans.

J'ai couru prendre des couvertures pour assister mon mari à le tirer hors de l'eau. Mon aînée (6 ans et demi) était tout près, impuissante, sur le bord de l'eau, mais elle a eu l'excellente idée de ne pas se jeter à l'eau pour secourir son frère, sachant que cela aurait été un geste plus dangereux qu'utile, autant pour lui que pour elle-même.

Elle s'était plutôt mise à crier si fort pour avertir son père du drame que, malgré le bruit de la motoneige, elle avait réussi à le détourner de son engin. Entendant ses cris de désespoir et comprenant en même temps l'ampleur de la situation, il était accouru vers elle, sans vraiment savoir ce qui se passait, jusqu'à ce qu'il voie la glace brisée.

Finalement, mon fils a avalé plusieurs gorgées d'eau mais il était conscient. Quelle chance! Malgré cet incident, il n'a jamais vraiment eu peur de l'eau même si, plus jeune, il a toujours été très prudent. Merci à la vie.

■ ■ ■

DÉFINITION DU MOT OBSERVER. Observer veut dire regarder avec attention. Et observer, selon ma propre définition, signifie en effet regarder avec attention *mais avec tous nos sens*, soit la vue, l'ouïe, le toucher, le goût et l'odorat. Il faut tout observer avec nos cinq sens, aussi bien nos gestes, nos paroles, les gestes des autres et leurs paroles, ce que l'on ressent, ce qui nous entoure, de même que ceux qui nous entourent.

DÉFINITION DU MOT ÉCOUTER. Sur Wikipédia, la définition est la suivante: *faire attention, prêter l'oreille.* Et ma définition, c'est prêter l'oreille consciemment pour s'assurer d'être attentif au moment présent.

DÉFINITION DU MOT CONTEMPLER. Sur Wikipédia, la définition se lit comme suit: *considérer avec toute la force de son attention, soit avec les yeux, soit par la pensée.* Et ma définition, c'est fixer son attention sur une image précise ou un résultat désiré. Autrement dit, contempler par la pensée un résultat final ou désiré que vous voulez voir se réaliser dans votre vie. Il ne s'agit pas ici de la seule idée de contempler un mur, une fleur, un oiseau ou toute autre chose en la fixant, comme certaines méditations le proposent.

Notez qu'à tout moment dans une même journée, ces trois actions, observer, écouter et contempler, peuvent être exécutées. Il n'est pas nécessaire d'être en pause ou en période de méditation pour les pratiquer. Elles peuvent l'être à chaque instant sans vous obliger à vous retirer ou à vous isoler. Et vous réaliserez assurément les nombreux bienfaits.

Voici quelques exemples où la contemplation peut être utilisée pour obtenir des résultas assurés.

Premier exemple

Résultat désiré: Être en meilleure harmonie avec un voisin, un parent, un ami, une collègue, un patron, etc.

Méthode pour y arriver: Contemplez plusieurs fois par jour, en pensée et en l'imaginant, cette harmonie entre vous et la personne concernée, et en ajoutant l'ingrédient suivant, soit celui d'être heureux dès maintenant pour le résultat final désiré.

Voyez de l'harmonie entre vous et cette personne. Voyez tout problème s'estomper et soyez reconnaissant tout de suite pour cette harmonie.

En peu de temps, surtout si vous prenez la peine de contempler souvent cette situation, vous constaterez un agréable résultat.

Deuxième exemple

Résultat désiré: Vous souhaitez voir votre fils ou votre fille sans emploi se trouver un poste qui lui convienne parfaitement et qui soit bien rémunéré.

Méthode pour y arriver: Contemplez plusieurs fois par jour, en pensée et en l'imaginant, votre enfant heureux dans son nouveau travail bien rémunéré et lui convenant parfaitement, en ajoutant l'ingrédient suivant, soit celui d'être heureux dès maintenant pour le résultat final désiré. Soyez donc reconnaissant tout de suite de ce grand bonheur qui se présentera prochainement, et d'autant plus rapidement que vous le contemplerez souvent.

Troisième exemple

Résultat désiré: Vous êtes seul et désirez enfin connaître le grand amour.

Méthode pour y arriver: Surtout ne le cherchez plus, arrêtez toute démarche en ce sens, et contemplez plusieurs fois par jour, en pensée et en l'imaginant, cette belle relation que vous avez avec cette personne, et en ajoutant l'ingrédient suivant, soit celui d'être heureux dès maintenant pour le résultat final désiré. Soyez reconnaissant tout de suite de ce grand bonheur qui vous arrivera bientôt. Contemplez le résultat final, soit celui d'être enfin en couple avec la personne qui vous convient; contemplez tous les bons moments où vous serez réunis, les activités que vous ferez ensemble. Ensuite, ressentez un grand bonheur devant ce résultat que vous êtes à contempler.

Quatrième exemple

Résultat désiré: Votre enfant a de la difficulté à l'école.

Méthode pour y arriver: Contemplez plusieurs fois par jour, en pensée et en l'imaginant, sa réussite scolaire, et en ajoutant l'ingrédient suivant, soit celui d'être heureux dès maintenant pour le résultat final désiré.

Voyez-le revenir de l'école, fier de ses succès. Soyez reconnaissant tout de suite de ce grand bonheur que vous vivrez lorsque le résultat final deviendra réel.

Vous constaterez la magie de cette technique qui fait et fera toujours ses preuves.

OBJECTIFS. Pour différentes raisons, observer, écouter et contempler sont trois actions interreliées, permettant d'être présent et attentif *ici et maintenant*. Par conséquent, en étant plus conscient de chaque instant qui se présente à vous, vous serez en mode *zen*. Ce faisant, et sans même vous en rendre compte, vous méditerez, et cette méditation sera d'autant plus puissante si vous en devenez vraiment conscient. Vivre, c'est être; vivre, c'est être présent au moment présent.

Un autre objectif de cette quatrième action est de freiner le flot de pensées qui se bousculent sans arrêt dans votre tête. Il peut s'agir de belles pensées, mais très souvent ce sont plutôt des pensées de peur, d'inquiétude, de fatigue, d'incertitude, de ressentiment, de dépassement et de haine. Lorsque vous serez en mode *observer*, *écouter* et *contempler*, vous éviterez ce genre de pensées.

RÉSUMONS. Contemplez le résultat final désiré, soyez-en heureux dès maintenant et vous constaterez la manifestation de ce résultat final désiré.

Autrement dit, il vous faudra fixer votre attention et votre imagination sur le résultat que vous désirez et souhaitez voir se produire prochainement dans votre vie, tout en ressentant en même temps de la joie et de la gratitude pour ce grand bonheur qui se dirige vers vous, même si vous n'avez pas encore obtenu le résultat désiré. Et celui-ci se manifestera.

AVANTAGES. Il est donc évident que mettre en pratique ces trois actions interreliées ne manquera pas d'apporter ses fruits. Tout en étant faciles, relaxantes, peu contraignantes et surtout d'une grande efficacité, elles éloigneront les soucis et seront la solution pour vaincre les situations que nous pensons insurmontables. De plus, grâce à elles, nous comprendrons mieux cette méthode rapide et efficace pour atteindre nos buts et nos objectifs.

■ ■ ■

Avant de poursuivre et de passer aux actions suivantes, récapitulons. Nous avons précisé qu'il fallait d'abord:

1. Célébrer le nouveau jour dès son réveil;
2. Arrêter de procrastiner et de perdre son temps;
3. Bien respirer et sortir dehors le plus souvent possible;
4. Observer, écouter les bruits et contempler.

Force est de constater que ces quatre premières actions à votre programme quotidien n'exigeront pas de tout bousculer dans votre vie. De plus, elles sont plutôt agréables à mettre en pratique, stimulantes pour obtenir des résultats fabuleux, faciles à vous rappeler et, surtout, souples à gérer. Vous réaliserez vous-même combien elles vous soutiendront et apporteront d'heureux changements dans votre vie, laquelle deviendra nécessairement beaucoup plus satisfaisante et inspirante. Six autres actions restent encore à être découvertes pour créer en vous un automatisme continu, telle une seconde nature, afin de vivre en étant zen 365 jours par année.

Tout est écrit dans les sons.
Le passé, le présent et le futur de l'homme.
Un homme qui ne sait pas entendre
ne peut écouter les conseils que la vie
nous prodigue à chaque instant.
Seul celui qui écoute le bruit du présent
peut prendre la décision juste.

– PAULO COELHO,
écrivain brésilien

La vraie grandeur consiste
à être maître de soi-même.

– DANIEL DEFOE,
auteur de Robinson Crusoé

Action numéro 5.
ARRÊTER DE SE POSER DES QUESTIONS ET DE S'INQUIÉTER

Histoire vécue

Je travaillais à l'époque dans un hôpital de la Rive-Sud de Montréal. Un jour, j'ai reçu à mon travail un appel téléphonique de mon mari me demandant de me rendre le jour même et dès que possible à Trois-Rivières, afin de signer un important document chez le notaire. Dès 16 h 30, à la fin de ma journée de travail, je suis partie prendre les enfants à la maison pour me rendre ensuite à Trois-Rivières afin d'être au bureau du notaire avant 18 heures.

J'avais donc peu de temps devant moi, et je n'avais certainement pas le temps de préparer un lunch ni de m'arrêter pour acheter quelques victuailles. Comme d'habitude, je savais que la vie était bonne, pleine de ressources inépuisables et de solutions variées et, surtout, très imprévisibles.

J'ai eu l'audace de supplier la vie de m'envoyer le nécessaire pour que mes enfants aient quelque chose à manger pendant le trajet en voiture. Je doutais un peu, tout en étant confiante que la vie peut tout, du moment qu'on ne se préoccupe ni de la manière ni des moyens qu'elle prendra pour répondre à nos requêtes.

Aussitôt arrivée à la maison, je me suis empressée de bien installer mes enfants dans leur siège d'auto. Ce faisant, j'ai remarqué un sac curieusement déposé par terre, tout près de l'escalier. Je l'ai pris, il était assez lourd, je l'ai ouvert et, à ma très grande surprise, j'y ai découvert trois sandwiches, chacun bien enveloppé individuellement, trois petits sacs de bâtonnets de céleri bien coupés, trois autres de carottes, trois contenants de jus et trois morceaux de chocolat. Tout était propre, appétissant et surtout très frais. Je n'en croyais pas mes yeux. Comment était-ce possible? Comment ce sac si bien rempli était-il arrivé jusqu'à moi et contenant en plus tout ce qu'il fallait pour mes trois petites personnes? Je ne l'ai jamais su. En fait, oui, je le savais! Il s'agissait là d'un cadeau du ciel, livré par un ange. Mes enfants se sont régalés, mais comme ils étaient petits, ils n'ont pas tout mangé, et il en est resté bien assez pour me soutenir jusqu'à Trois-Rivières. J'ai toujours la larme à l'œil devant tant de sollicitude. Et, bien sûr, je suis arrivée à temps pour signer le document en question.

■ ■ ■

DÉFINITION D'ARRÊTER DE SE POSER DES QUESTIONS. Cesser cette torture dont vous vous accablez mentalement par vos questions inutiles.

Pourquoi faut-il toujours se questionner? Je ne vois aucune autre raison que celle de se faire du mal en s'angoissant. *Pourquoi est-ce si difficile de se défaire de cette mauvaise habitude?* Parce que personne ne nous a appris à contrôler cette manie. *Pourquoi avons-nous attrapé cette manie?* À cause de notre trop grand désir de toujours vouloir bien et mieux faire. *Est-ce utile et aidant d'agir ainsi?* Non, et il faut absolument cesser cette mauvaise habitude qui ne fera rien d'autre que de vous empoisonner la vie.

DÉFINITION DE S'INQUIÉTER. Se tracasser pour rien.

OBJECTIFS. Le principal objectif est de vous libérer d'inquiétudes inutiles et d'être plus heureux, car se poser des questions alourdit la vie. Cesser de se poser des questions diminue la souffrance et le stress. Toutes ces questions amènent très souvent des réponses totalement différentes les unes des autres et celles-ci, en se contredisant, créent encore plus d'inquiétude. À la longue, elles peuvent saboter votre vie. Évitez toutes ces questions qui vous hantent ou vous reviennent sans cesse, telles que: *Est-ce que ma voiture tiendra le coup? Est-ce que mon patron apprécie mon travail? Est-ce que j'ai fait de la peine à mon fils, ou à ma sœur? Est-ce que je devrais faire ceci ou cela? Est-ce que j'ai eu l'air ridicule? Est-ce que je saurai être à la hauteur? Ai-je pris la bonne décision? Aurai-je assez d'argent?*

Le deuxième objectif de cette action est d'éviter de gruger notre énergie pour absolument rien, en imaginant de nombreux et différents scénarios souvent sombres qui, pour la plupart d'ailleurs, ne se réaliseront jamais ou, au contraire, finiront par se concrétiser à cause de la loi de l'attraction.

Voici une définition du mot inquiétude, trouvée sur Internet: *l'inquiétude est une opération intellectuelle qui consiste à imaginer et à extrapoler, à partir du présent, une situation plus ou moins désagréable et à se faire du souci à son sujet. L'inquiétude engendre un grand nombre d'émotions..., l'inquiétude ne porte pas sur le présent mais sur un événement futur possible..., l'inquiétude s'alimente à même l'imagination... et est toujours hypothétique. Enfin,... l'inquiétude est subjective. Certaines personnes sont plus portées que d'autres à s'inquiéter de ce qui pourrait arriver.*

Et sur le site *www.redpsy.com/guide/inquietude*, voici ce que l'on trouve sur l'utilité de l'inquiétude: *l'inquiétude nous renseigne d'abord sur le présent. C'est en effet la situation actuelle qui nous amène à anticiper le futur. [...] Les personnes qui ont une forte propension à l'inquiétude ont généralement une certaine difficulté à vivre complètement leur présent.*

Voici, de plus, quinze synonymes du mot inquiétude, mentionnés sur Internet à *www.linternaute.com/dictionnaire/fr: affolement, agitation, alarme, angoisse, anxiété, appréhension, crainte, incertitude, peur, préoccupation, souci, tourment, trac, tracas, trouble.*

Ces dernières lignes nous renseignent énormément sur l'importance de vivre le moment présent. Nous questionner nous éloigne du but souhaité d'euphorie et d'extase relié à l'état zen. Cessons de nous infliger toutes ces désagréables émotions en nous inquiétant. De plus, nous obligeons notre cœur, notre corps et notre âme à vivre un énorme stress découlant de cette mauvaise habitude.

Le fait de nous inquiéter nous projette dans l'avenir, là où il n'y a aucune possibilité de création. Le seul moment pour créer est le présent, en prenant l'habitude de vivre chaque instant et d'être attentif à cet instant, plutôt que de l'utiliser à nous poser des questions. Si vous vous questionnez ou vous inquiétez sur des événements futurs ou des événements passés, vous n'êtes pas en mode *zen*.

Soyez vigilant et vivez au présent. Ainsi, vous aurez actionné le bouton de fonctionnement des lois interreliées de la création, de l'attraction et de la manifestation, lesquelles travaillent toujours en étroite collaboration.

D'ailleurs, s'inquiéter est un peu comme s'attendre à des malheurs. En fait, c'est la preuve d'un grand manque de confiance en la vie, et c'est douter de soi-même. Ce faisant, vous augmentez les risques de voir s'éterniser vos problèmes, ou d'en créer de nouveaux.

Ne vous posez plus continuellement et inutilement des questions sur tout; cette pratique n'est d'aucun secours et elle est une pure perte de temps et d'énergie. Quel gaspillage! Vous aurez fait un pas de plus pour vous permettre d'être zen en vous *débarrassant* de ces deux ennemis que sont les *questions* et les *inquiétudes*.

AVANTAGES. Calmer, reposer, rassurer, bien vivre au présent et non dans le passé. Tant que l'inquiétude fera partie de nos vies, nous ne serons pas en mesure de profiter de chaque moment pour arriver à créer et à obtenir les résultats souhaités.

En privilégiant cette action, vous vous éviterez de nombreuses insatisfactions. En plus, vous augmenterez votre confiance en vous-même, envers les autres et dans le futur. Le désarroi, l'angoisse et l'anxiété s'évaporeront pour laisser place à la joie, à la plénitude et à l'habitude de vivre davantage dans votre *ici et maintenant*. Terminés les retours dans le passé ou les voyages dans le futur. Vous réussirez même à reprendre le contrôle de vos pensées plutôt qu'elles soient maîtresses de votre vie.

Aussi, vous n'anticiperez plus et, ce faisant, les questions inutiles s'envoleront. Vous réaliserez combien il est agréable de vivre et vous saurez enfin ce qu'est *vraiment vivre*.

Tout deviendra beaucoup plus simple et définitivement moins embrouillé. Les jours se dérouleront tout naturellement et ils seront plus agréables. Votre vie se modifiera rapidement pour le mieux et prendra une tangente vers l'euphorie et la magie.

Au tout début, échapper à cette mauvaise habitude pourra vous sembler un peu difficile et ne sera pas un réflexe spontané. Il vous faudra de la vigilance et de la bonne volonté. Mais la méthode est simple si elle est bien appliquée. La voici :

1. Prenez d'abord conscience des moments où vous ressentez de l'inquiétude (ils sont nombreux), ou lorsque vous êtes tourmenté ou quand vous vous tracassez, ou si vous anticipez inutilement.

2. Ensuite, remarquez si ces inquiétudes ne sont pas liées à des questions inutiles. Plus souvent qu'autrement, ce sera le cas. De plus, ces questions créeront un stress supplémentaire autant à votre corps, à votre cœur et à votre âme, lequel engendrera possiblement des malaises et différentes émotions négatives pouvant conduire à la maladie.
3. Une fois fait ce constat, effacez le tout avec une gomme à effacer virtuelle et sentez en vous une libération, un soulagement. Effacez bien et prenez votre temps.
4. Puis, revenez au moment présent. Remarquez que l'action d'effacer ne peut se faire que dans le présent et, systématiquement, vous aurez réussi à bien maîtriser cette 5e action, car il est impossible de s'inquiéter dans l'instant présent et dans le *ici et maintenant*, parce que dans un seul instant vécu *avec attention*, il n'y a pas de place ni de possibilité pour l'inquiétude.
5. Faites-en l'expérience et vous verrez qu'il en est vraiment ainsi. Comment puis-je avoir le temps ou l'idée de m'inquiéter quand je suis présent à cet instant?

Si vous suivez cette méthode, vous ressentirez une grande puissance, votre cœur se gonflera de bonheur, vous garderez la tête haute et tout votre corps se redressera. Vous vous sentirez alors beaucoup plus reposé et plein d'énergie. Voilà pourquoi la 5e action, intitulée « Arrêter de se poser des questions et de s'inquiéter », devrait plutôt se lire « Vivre chaque instant avec attention et faire confiance à la vie ». Mais comme nous avons tous tendance à nous poser des questions, j'ai préféré élaborer sur ce thème plutôt que sur le moment présent, déjà bien expliqué dans mes deux ouvrages précédents.

Vous serez alors en voie de connaître le sens du mot vivre sans limite, sans être ralenti dans la poursuite de vos buts, et surtout de jouir enfin du meilleur que la vie vous a réservé et que vous êtes maintenant en mesure de recevoir.

Plusieurs se sentiront peut-être fautifs, du moins au début, à l'idée de cesser cette habitude. D'autres ressentiront de la culpabilité mais cette période sera de courte durée, car vous vous sentirez tellement mieux, en paix et rempli d'une puissance intérieure, que vous vous habituerez rapidement à cette nouvelle façon de vivre.

La sérénité, c'est l'absence de doute.

– JEAN-MICHEL WYL,
écrivain québécois

Action numéro 6.
ATTENDRE TOUJOURS LE MEILLEUR DE LA VIE

Histoire vécue

Je pense vous avoir dit que, aussitôt que j'apprenais une nouvelle information sur la vie et son fonctionnement, j'aimais en faire l'expérience et la vérifier. Un jour, après avoir terminé la lecture d'un livre m'ayant beaucoup inspirée, j'ai décidé de tenter de ne plus faire le plein de mon réservoir d'essence. En effet, un chapitre très convaincant de ce livre précisait que chaque demande formulée à l'univers se réalisait si on acceptait à l'intérieur de soi qu'il en soit ainsi et, bien sûr, si on en ressentait les possibilités et le plaisir du résultat attendu.

Comme le processus m'apparaissait fort simple et peu exigeant, j'ai demandé à l'univers de remplir mon réservoir d'essence au fur et à mesure qu'il se vidait. La jauge indiquait alors la demie. Afin de ne pas être influencée par elle, j'ai cessé de la regarder; *de toute façon, elle ne me sert plus à rien*, ai-je alors pensé.

Quelques jours plus tard, un très bon ami m'emprunta ma voiture, qui était équipée d'une attache nécessaire pour tirer une remorque, car il avait quelques meubles à livrer. Une fois sa livraison terminée, il m'a remis ma voiture avec un réservoir plein. Après quelques jours, mon mari me l'emprunta spécifiquement pour en faire le plein, car il savait que je détestais cette opération, en plus de le payer pour moi. Ensuite, j'ai gagné un plein d'essence là où j'avais l'habitude de m'approvisionner. Un autre jour, une amie et moi sommes allées voir un spectacle dans une ville voisine et, au retour, elle insista pour que je fasse le plein afin d'en payer le coût pour me remercier. Ainsi se continua mon expérience très concluante jusqu'au jour où je n'ai plus été capable de tenir le coup. Je n'y croyais plus, pensant abuser de la providence, et le réservoir ne fut plus jamais de nouveau rempli par la vie, ni par la magie des autres. Je suis cependant certaine que si j'avais eu la force spirituelle d'accepter ce cadeau de l'univers, cette expérience aurait pu durer encore longtemps.

■ ■ ■

Attendons le meilleur,
sinon le pire pourrait nous arriver.

DÉFINITION DE ATTENDRE TOUJOURS LE MEILLEUR DE LA VIE. Cela signifie de laisser la vie s'occuper de nous donner le meilleur et, bien sûr, de savoir recevoir ce meilleur. Accomplissez cette 6e action avec la plus grande confiance possible.

En définitive, cette action est tout simplement la suite logique de la précédente ayant pour but de la renforcer. Elle vous donnera l'habitude de toujours désirer le meilleur de la vie, de croire que vous y avez droit, et de lui faire confiance plutôt que de craindre le pire ou d'appréhender le futur.

OBJECTIF. Apprendre à donner toute votre confiance à la vie, voilà l'objectif premier, vous créant ainsi une vie heureuse, épanouissante, satisfaisante et surtout source de plénitude. En plus, cette action laisse le champ libre à la vie pour qu'elle nous porte et nous apporte le meilleur puisque nous savons, d'ores et déjà, que la vie nous envoie toujours ce que nous nous attendons d'elle, dans tous les domaines de notre vie, et nous offre ce que nous sommes en mesure de recevoir. Vous serez surpris de constater comment cette action changera votre vie, celle-ci devenant plus passionnante, heureuse, harmonieuse et de plus en plus remplie de moments privilégiés et magiques.

AVANTAGES. Attendre le meilleur crée le meilleur et met fin aux voies sans issue, aux détours inutiles, aux impasses et aux cercles vicieux. En somme, vous ne tournerez plus en rond. Vous vous dirigerez sans ambages vers de grandes réalisations, tout en vivant chaque jour des moments exaltants.

La vie répond toujours en fonction de nos croyances et de nos attentes. Il va sans dire qu'à partir du moment où nous nous attendons au meilleur, la vie ne manquera pas d'être source de grands bonheurs, de solutions, de positif, d'appuis et de grand réconfort. Surtout, mettez la barre haute, exigez le meilleur du meilleur. Ne soyez pas humble. Pour la vie, ce n'est pas plus difficile de vous servir le meilleur du meilleur que simplement le meilleur. N'est-il pas extraordinaire de savoir qu'il est permis de croire en la magie de la vie et de lui faire confiance?

Voici une façon intéressante d'appliquer cette action:

Chaque soir, une fois au lit, avant de vous endormir, faites comme la majorité des enfants et soyez toujours impatient d'arriver au lendemain pour aller de découvertes en découvertes, pour vivre de nouvelles aventures et recevoir le meilleur.

De plus, réalisez et sentez comment la vie se fera un plaisir dès le jour suivant de vous servir sur un plateau d'argent ce meilleur attendu. Il s'agira peut-être d'une nouvelle rencontre déterminante dans votre vie, d'une information pour atteindre plus facilement ce à quoi vous aspirez, d'une indication quelconque, d'une intuition, d'une sortie agréable, d'un cadeau. Tout l'univers concourra à vous aider à réaliser votre attente du meilleur. Vous connaîtrez une réelle et immense joie de vivre, tout sera plus facile, et toutes traces de médiocrité ou de saveurs fades disparaîtront.

C'est curieux: quand on refuse tout sauf
le meilleur, on l'obtient dans bien des cas.

– SOMERSET MAUGHAM

Action numéro 7. SE REPOSER DANS CHAQUE INSTANT (MOUVEMENT AU RALENTI)

Histoire vécue

J'étais alors célibataire et j'avais un très bon ami. Nous aimions beaucoup échanger sur nos lectures philosophiques et spirituelles, ajoutant ainsi à nos connaissances personnelles tout en confrontant parfois nos idées, même si elles étaient très semblables le plus souvent.

Ce jour-là, comme il faisait très beau, nous avions décidé d'une balade en pédalo sur le lac des Sables à Sainte-Agathe-des-Monts. Sur ce lac passablement grand, les vents soufflent parfois très fort.

Au moment où nous comptions retourner au quai, le vent s'éleva avec une telle intensité que, malgré tous nos efforts, nous semblions reculer plutôt qu'avancer ou, du moins, rester sur place. Plus vite nous pédalions, pire c'était. Étant vraiment à bout de souffle, nous doutions même d'être en mesure de rejoindre le rivage.

Puis, au même moment, nous nous sommes regardés, nous proposant de faire nos mouvements lentement, comme au ralenti, en nous reposant dans chaque instant. Le miracle se produisit. En très peu de temps, nous étions à bon port, sans fatigue, heureux et un peu surpris de notre exploit. Nous savions déjà que cette technique tout en douceur était en même temps d'une grande force.

■ ■ ■

DÉFINITION. Nous reposer dans le moment présent par le mouvement au ralenti signifie prendre conscience que si nous découpions chacun de nos gestes ou de nos actions, ou si nous les morcelions, nous pourrions y découvrir plusieurs instants reposants.

Par exemple, si nous prenons la poivrière pour la remuer au-dessus de notre assiette et si nous faisons le mouvement au ralenti, nous pourrons voir des parcelles de mouvement demandant peu d'efforts, donc qui sont reposants. Ce sont toutes ces parcelles qui nous permettent de nous reposer dans l'instant présent sans nécessairement attendre que nous soyons confortablement assis dans notre fauteuil préféré ou étendu dans notre lit.

Prenons un autre exemple: vous devez vous présenter au troisième étage de votre bureau afin de rencontrer vos collègues pour une séance de travail ardue. Le temps de vous y rendre sera définitivement composé de moments reposants puisque vous n'aurez rien d'autre à faire que de marcher, ce qui est un exercice peu fatiguant. Vous n'aurez pas encore à expliquer votre point de vue, ni à écouter l'autre, ni à prendre des notes. Vous n'aurez qu'à vous déplacer jusqu'à la salle où vous êtes attendu. Une fois arrivé, vous serez également en mesure de vous reposer quand vous direz bonjour, quand vous écouterez les autres, quand quelqu'un lira l'ordre du jour ou un texte.

Tous ces moments seront source de repos et, ce faisant, vous serez beaucoup plus en mesure d'apporter une contribution efficace et pertinente au sein de votre groupe, ne considérant pas comme une fatigue l'ensemble de la réunion, mais seulement quelques-unes de ses parties. Vous verrez votre efficacité doublée. Voyez-vous la signification de se reposer dans l'instant présent? Par expérience, je peux vous assurer qu'en une heure vous avez autant de moments de fatigue que de moments de repos. Voilà pourquoi, en prenant conscience de ce fait, vous aurez la clé pour vous reposer dans chaque instant. De plus, en portant attention à faire tous vos mouvements au ralenti, vous serez doublement reposé, car prendre cette habitude est déjà reposante en elle-même.

Dans tous nos gestes et nos mouvements, si nous prenons le temps de les exécuter lentement et en même temps de bien en prendre conscience, il y a toujours possibilité de nous reposer. Nous nous reposerons même trois fois: une première fois, en évitant les mouvements saccadés; une deuxième fois en n'ayant pas à recommencer ou à refaire souvent le même geste par manque de précision; et une troisième fois, dans la lenteur même du geste. C'est un très beau cadeau à s'offrir et c'est, de plus, une philosophie de vie en soi.

Pour en savoir davantage sur le mouvement au ralenti, n'hésitez pas à vous référer à la page 55 de mon livre *Et si vous étiez en vacances 365 jours par année?* Vous constaterez que c'est une méthode efficace pour éviter l'épuisement ou la dépression. Vous sentirez un grand pouvoir en le pratiquant.

La technique est simple. Il vous suffit de faire tous vos gestes en gardant en tête les idées suivantes: 1) vous vivez dans un monde où tout est fragile et délicat, et où il faut faire le moins de bruit possible; 2) tous vos gestes doivent être exécutés en prenant soin de ne rien casser et que personne ne vous entende.

Si vous mettez en pratique ces deux idées, soit fragilité et silence, vous prendrez l'habitude des mouvements lents, doux et précis, qui vous rendront zen.

OBJECTIF. Prendre son temps permet d'agir avec amour et dignité, de sauver du temps, d'avoir une meilleure mémoire, de vivre avec puissance, de ne plus rien échapper ou beaucoup moins et, par conséquent, de pas avoir à recommencer certaines choses à cause de gestes maladroits ou de mouvements saccadés. De cette manière, vous vous reposerez dans chaque instant. N'est-ce pas merveilleux de s'autoriser à prendre son temps et à ne pas se presser. Quel repos!

Rappelez-vous certaines des principales choses que vous avez à faire sur terre:

1. être;
2. être sans vous épuiser;
3. vous reposer dans l'instant présent;
4. prendre votre temps afin de bien faire ce que vous avez à faire;
5. prendre le temps d'écouter, de contempler.

C'est une action à placer définitivement au programme d'une journée zen. Et la vie saura vous donner en retour tout ce dont vous avez besoin.

Peut-être me direz-vous que, parfois, il faut vous hâter et qu'à certains moments vous n'avez pas le choix de faire autrement. Je vous répondrai qu'il s'agit là d'une fausse croyance à bannir complètement de votre vie.

Quand votre sablier d'ordinateur vous informe d'attendre, ne vous impatientez pas, reposez-vous plutôt dans ce moment d'attente et pensez que chaque instant est source de repos.

Faites l'exercice d'analyser les événements passés où vous étiez en mode *pressé*. Vérifiez si vous avez réellement gagné du temps. Ne serait-ce pas plutôt le contraire? En examinant mes propres expériences, je constate m'être souvent hâtée pour absolument rien, ayant perdu plus de temps que n'en ayant gagné, sans parler de la perte de contrôle de moi-même et de la situation. En fait, ce fut plus catastrophique que bénéfique chaque fois.

Je me rappelle certains matins, au départ de mes enfants pour l'école, où tout ce que je faisais à la hâte m'amenait à perdre du temps. Me dépêcher devenait source de folie, ce qui n'était pas du tout reposant et, de plus, ces moments d'affolement faisaient disparaître tout l'amour que chacun de mes gestes aurait dû contenir. J'embrassais mes enfants à la hâte au lieu de savourer ces instants de grâce.

Se hâter, aller toujours plus vite, courir, se presser, brusquer ses gestes et parfois même les gens, tout cela devient source d'accidents, d'erreurs, d'oublis, de bris, de disputes, de culpabilité et, bien sûr, de fatigue et de vieillissement prématuré.

Encore une fois, je le redis, nous sommes le reflet de nos pensées. En conséquence, nous devons nous créer des pensées agréables. Ici, le principe est le même: prenez votre temps mentalement et il en sera ainsi dans votre vie.

Si vos pensées tendent vers le stress, la fatigue, la dépression, les difficultés, elles se manifesteront et vous ne manquerez pas d'attirer une suite d'événements tristes, déprimants et pénibles. Dès que nous pensons lenteur, que nous acceptons et croyons à cette idée et que nous décidons que nous aurons toujours suffisamment de temps pour tout ce que nous avons à faire, il en sera ainsi, en plus de voir apparaître légèreté, bonheur, facilité, joie et abondance dans notre vie.

AVANTAGES. En principe, chacun aspire au repos, au calme, à une vie paisible sans hâte. Nous reposer dans chaque instant en faisant nos gestes au ralenti et en prenant notre temps nous aide à y arriver. Par conséquent, nous commençons à mieux comprendre ce qu'est la sérénité, et nos réflexions sont plus claires. Nous ne sommes plus contraints au désordre, à la confusion, à l'éparpillement – par exemple en égarant nos clés, nos lunettes, nos dossiers – ou à courir, à ne plus se souvenir où la voiture est garée, ou d'autres détails quotidiens et importants du même genre. Finalement, la vie sera bien plus qu'une suite d'obligations urgentes à honorer.

Un des plus principaux avantages sera de ne plus jamais être à la dernière minute pour finaliser une tâche; vous aurez même suffisamment de temps pour vous reposer dans chaque instant vécu au ralenti. Avoir du temps plutôt qu'en manquer permet de mieux comprendre certains éléments de la vie et, surtout, d'être en mode *abondance* plutôt qu'en mode *pénurie*. La dignité ne se presse jamais. Dès que vous prendrez le temps de prendre votre temps et de faire vos mouvements au ralenti, vous retrouverez plus de temps et plus d'énergie.

La vie est trop courte pour aller trop vite.

Action numéro 8.
ÊTRE ÉQUANIMITÉ AFIN DE RÉVEILLER EN SOI SON POUVOIR INTÉRIEUR

Histoire vécue

Je vivais en Australie depuis quelques mois sans savoir si j'allais y demeurer encore longtemps. Mon budget et mes ressources avaient d'ailleurs été calculés pour une période définie.

Puis, arriva le jour où il ne me restait plus que 20 $ sur la somme allouée pour ce séjour, que j'aurais aimé pourtant poursuivre encore quelque temps. Et ce même jour, une amie me suggéra un souper à son restaurant préféré. Je l'informai de ma situation financière, précisant qu'il me ferait un grand plaisir de dépenser ce dernier billet de banque en sa compagnie. Elle ajouta: « Bénissons-le et il sera multiplié. » Et c'est vraiment ce qui arriva…

Le repas thaïlandais était succulent. Nous avions mangé à la terrasse, la nuit était chaude et douce. Tout était magique. Nous étirions la soirée autant que le souper. Puis, la propriétaire et cuisinière vint se joindre à nous. Après avoir discuté de choses et d'autres, elle me proposa quelques heures de travail par jour pour l'aider à la coupe des légumes. En aucun cas ni en aucune façon, je lui avais mentionné l'état de mes finances et de ma situation. Elle savait seulement que je faisais du bénévolat et que j'étais sans travail. De nouveau, la chance me souriait et, une fois de plus, j'ai remercié le ciel et la terre en réalisant qu'effectivement cette dernière petite somme avait été très bien investie, et surtout avait vite rapporté. Ce travail me permit de poursuivre mon séjour australien de quelques mois, le temps nécessaire pour recommencer harmonieusement et sereinement ma vie au Québec.

■ ■ ■

DÉFINITION DU MOT ÉQUANIMITÉ. Dans le dictionnaire Le Robert, il est écrit à ce mot: *égalité d'âme et d'humeur*. Et son synonyme est *flegme, impassibilité*; sa définition d'après le Grand Dictionnaire sur Internet est: *caractère d'une personne calme et imperturbable qui ne perd pas son sang-froid, peu importent les circonstances*.

À première vue, du moins à mon sens, ces définitions font un peu peur. Auparavant, elles m'apparaissaient même utopiques. Je me souviens, quand j'étais célibataire, que j'éliminais systématiquement tous les prétendants affichant une humeur égale. Je les trouvais ennuyeux, sans compter qu'ils exprimaient rarement ou très peu leurs émotions.

Ici, dans le contexte de cette 8e action, être d'humeur égale, tout comme être équanimité, prend une tout autre dimension, beaucoup plus profonde et puissante. En fait, cela signifie qu'il faut apprendre à garder la même humeur, peu importent les circonstances, *qu'elles soient agréables ou non*. Par « même humeur », il faudra choisir « de bonne humeur » ou « d'humeur joyeuse, gaie et heureuse », et non d'humeur égale monotone, sans vie, morne ou blasée, peu importent les circonstances.

Être équanimité signifie donc être heureux de façon imperturbable, et ce, dans n'importe quel cas.

OBJECTIFS. Le premier objectif est de réveiller en soi son pouvoir intérieur afin que celui-ci puisse se mettre à l'œuvre et vous être utile.

Presque tous savent que nous possédons en nous un immense pouvoir. Par contre, bien peu savent s'en servir adéquatement. Cette constatation est attristante. Avoir un tel outil et ne pas l'utiliser, puisque ne sachant pas comment le faire fonctionner, est définitivement très décevant. Et pourtant, vous êtes tout près d'être en mesure de vous en servir, et je peux vous assurer que vous allez vite en comprendre le fonctionnement et la puissance pour être enfin capable d'atteindre vos buts.

J'ai déjà abordé ce thème du « pouvoir intérieur » dans mes précédents livres. J'y reviens encore, car je trouve malheureux que nous en soyons privés par manque d'information. Et c'est d'autant plus malheureux de poursuivre notre route seul, sans cette force, sans ce pouvoir, nous éloignant par conséquent de grands bonheurs et atteignant plus difficilement les plus hauts sommets dans notre vie.

Réveiller ce grand pouvoir, ce bel outil qui a été mis à notre disposition, est très facile quand la notion d'équanimité est particulièrement bien comprise. Et cette aptitude à demeurer calme et imperturbable actionnera ce pouvoir, et celui-ci sera alors en mesure de travailler pour vous et d'aller chercher tout ce dont vous aurez besoin au fur et à mesure, afin de combler vos obligations, d'atteindre vos buts et objectifs et de vivre en mode *création* plutôt qu'en mode *attente.* Vous atteindrez ainsi des domaines d'activité encore insoupçonnés de vous.

Être équanimité, c'est vivre le paradis sur terre. Une fois que vous aurez décidé de préférer cette façon d'être, parce que vous aurez compris la nécessité d'éveiller ce grand pouvoir à l'intérieur de vous grâce à sa valeur inestimable, vous vous empresserez de ne jamais faillir à cette 8e action. Jouez la bonne carte et faites-vous confiance en décidant tout de suite d'*être heureux et dans la joie, peu importe ce qui vous arrivera,* peu importent les circonstances, les désagréments ou les événements, en *étant tout simplement équanimité.*

De plus, sachez que nous ne devons pas avoir peur de ce pouvoir. J'ai choisi les mots « utiliser son pouvoir intérieur » plutôt que « utiliser sa puissance intérieure », car je sais que le mot « puissance » peut en effrayer quelques-uns. Parfois, certains ont peur de se retrouver puissants et ne pas savoir quoi faire de cette puissance. Certains peuvent même ressentir un certain mépris vis-à-vis des gens puissants, ou ils préfèrent ne pas être associés à eux. D'autres seront irrités par ce mot, ne sachant pas trop s'il est bon ou non de détenir cette puissance. Voilà pourquoi j'ai choisi le mot « pouvoir » au lieu de « puissance », car selon moi son sens est plus souple et flexible.

Comprenez bien cette notion d'équanimité et vous ne tarderez pas à en obtenir les merveilleux effets et les bénéfices. Ce pouvoir est réel, il existe bel et bien. Nous avons tous à l'intérieur de nous cette force extraordinaire, sans limite, qui est à notre service. Mais nous ne l'utilisons que très peu. Pour la plupart, ce pouvoir est tellement mal compris ou insoupçonné qu'il ne peut se rendre utile ni déployer tous ses outils pour conduire chacun à sa réelle mission. Mais l'équanimité pourra justement réveiller ce pouvoir. Comment?

Il s'agit d'un principe très simple. Comme pour n'importe quel pouvoir, afin de s'activer et de bien fonctionner, il faut certaines conditions nécessaires, adéquates et essentielles. Le pouvoir d'une belle voiture sera inutile sans essence. Un avion, même avec le meilleur et le plus puissant moteur, n'arrivera nulle part sans ses ailes. Un téléphone sans antenne ne performera qu'à la moitié de sa capacité, et parfois pas du tout. Un train sans rails sera sans utilité. Une cuisinière au gaz doit avoir une installation adéquate et sécuritaire pour être bien utilisée.

On retrouve exactement le même principe pour le pouvoir intérieur. Sans équanimité, celui-ci demeure enfoui, inanimé et ne sera d'aucune aide pour personne. Il a besoin d'un environnement imperturbable pour d'abord se réveiller et ensuite se mettre au travail. Coûte que coûte et peu importent les événements, prenez la sage habitude de vous montrer flegmatique face à toute circonstance désagréable ou difficile, et vous serez étonné de la suite des événements.

Quelles sont les raisons qui expliquent pourquoi ce pouvoir intérieur fonctionne ainsi ? Parce que, malheureusement, les conditions négatives telles que la tristesse, la peur, l'angoisse, le découragement, le ramènent à être spectateur plutôt qu'acteur. Il en est ainsi. De plus, si vous vous tournez souvent vers le passé ou le futur plutôt que d'être toujours bien présent et attentif à chaque instant, une fois encore votre pouvoir ne pourra être en mesure de réaliser quoi que ce soit pour vous, comme vous guider ou vous amener au bon endroit. En fait, il agit quand même un peu, car il est plein de bonne volonté, mais il ne donnera pas son plein rendement. De plus, quand vous n'êtes pas équanimité, donc quand vous êtes peut-être perturbé, vous êtes moins en mesure de constater son aide et de comprendre les informations qu'il vous envoie.

AVANTAGES. Ils sont nombreux et très évidents. Le premier est de vous assurer d'avoir toujours à vos côtés une *aide précieuse* qui connaît les meilleures façons de vous faciliter la vie et de vous apporter tout ce dont vous avez besoin. Par conséquent, votre vie prendra une tout autre tournure. De plus, vous serez plus tolérant.

Être équanimité est créateur et permet également de mettre en action la loi de l'attraction (voir à la page 96 de *Et si vous étiez comblé d'amour 365 jours par année?*). De plus, en agissant ainsi, votre pouvoir intérieur aura le champ libre pour s'acquitter de nombreuses tâches pour vous assister, vous seconder et vous porter au besoin. Encore une fois, je vous le répète, vous n'avez pas à me croire mais simplement en faire l'essai. Et vous serez étonné de la magie qui s'ensuivra.

Par conséquent, ce pouvoir intérieur est d'une valeur inestimable. Considérez-le comme votre meilleur ami ou votre bras droit. Cependant, laissez-le travailler en paix, faites-lui confiance et ne lui mettez pas constamment des bâtons dans les roues avec vos inquiétudes, votre tristesse, vos peurs, ou vos allées et venues dans le passé ou le futur. Soyez équanimité. En somme, vous constaterez comme c'est tellement plus reposant.

RÉSUMONS. Ce pouvoir peut tout mais à certaines conditions, ou plutôt à une seule condition, soit celle d'être équanimité dans les moments les plus pénibles, d'être d'humeur égale et dans la joie, coûte que coûte. N'est-ce pas GÉNIAL? Mais, me direz-vous, comment faire pour garder cette bonne humeur quand notre fils ramène la voiture plus tard que prévu et que nous l'attendions pour honorer un rendez-vous important? Est-ce possible d'être équanimité quand on vient de perdre son emploi, ou pour tout autre événement difficile à vivre ou à accepter? En fait, cette façon de prendre la vie telle qu'elle se présente à nous avec confiance, détachement, sang-froid, calme et sans découragement, semble utopique et même impossible. Mais n'est-ce pas plus agréable de réagir sans être perturbé, en étant équanimité plutôt que le contraire?

Pour vous assurer d'être vraiment équanimité, il faut apprendre à vous dissocier de la situation, et vous verrez que tout sera plus simple. D'un côté, vous allègerez un malheur ou un événement moins confortable et, de l'autre, vous bénéficierez de l'aide de votre pouvoir intérieur pour mieux le supporter et le vivre plus sereinement. Voilà ce que vous apportera une telle attitude.

Au tout début de ce livre, je précisais qu'être zen, c'est se détacher, et l'équanimité est votre outil de premier choix. Entre vous et moi, mal réagir ou se départir de sa bonne humeur ne sont guère utiles, sachant que le positif attire le positif et que le négatif attire le négatif. Il est donc primordial d'être soucieux de choisir le comportement qui sera le plus profitable pour vous, c'est-à-dire l'équanimité.

Avec l'équanimité, chaque instant est parfait,
notre cœur s'ouvre à ce qui est plaisant,
tout comme à ce qui est déplaisant.
Nous sommes tolérants vis-à-vis
de ce qui est désagréable.

– SITE ATTITUDEZEN.ORG

Action numéro 9.
SOURIRE ET RIRE

Histoire vécue

Mes enfants n'avaient alors que trois, quatre et cinq ans et demi. La maison était grande, le terrain à entretenir aussi et, de plus, je travaillais à l'extérieur, à temps partiel heureusement. Mon mari n'était présent que les fins de semaine, car il travaillait à Montréal alors que notre résidence était en Mauricie, à près de deux heures de route. J'avais donc passablement à faire.

Nous venions de faire l'acquisition d'un chien golden retriever, et mon mari m'avait demandé d'aller le promener en laisse tous les jours afin de l'habituer. J'avoue que cette nouvelle tâche ne m'enchantait guère.

Je savais cependant que la vie sourit à ceux qui sourient. Pour mon propre bonheur et celui de mes enfants, j'ai vite réalisé les bienfaits de marcher avec eux en étant accompagné du chien, et que cette nouvelle tâche se présentait davantage comme une bénédiction plutôt qu'une corvée.

Dès le lendemain matin à 7 heures, les enfants, le chien en laisse et moi-même étions sur la route, sourire aux lèvres (surtout les enfants). Pour eux, débuter la journée ainsi était assez inusité, nouveau et de bon augure.

Il faisait un temps d'automne magnifique; la rosée nous offrait un spectacle comme elle seule peut le faire. Tout était calme, tout le monde semblait encore dormir. Soudain, juste devant nous tout près, sur le rang où nous habitions se dressait un fier chevreuil aux bois majestueux qui nous fixait sans bouger. Nous avons pu le contempler durant un bon moment. Même le chien a eu l'air surpris et est demeuré sans aboyer, immobile. Quel beau cadeau la vie venait de nous offrir! Une fois encore, j'ai pu constater que toute acceptation dans la bonne humeur des tâches et charges qui nous incombent, et que nous trouvons peut-être lourdes, aura des effets magiques et bénéfiques sur celles-ci.

Savoir sourire: quelle force d'apaisement,
force de douceur, force de calme,
force de rayonnement!

– GUY DE LARIGAUDIE,
écrivain et scout français

DÉFINITION DE SOURIRE. Selon l'archéologue et historien français Stéphane Gsell: *le sourire est un devoir social*, et j'en conviens. Sourire est aussi essentiel pour l'âme, le cœur, et tous les êtres humains que se nourrir. Il n'est pas rare qu'en plus le sourire permette de trouver *la* ou *une* solution à une situation difficile, à un malaise ou à un problème.

Obtenir un sourire est magique et formidable. Il s'agit là de la plus belle récompense que l'on puisse obtenir. Sourire est également une véritable thérapie, et ses effets sont bienfaisants et régénérateurs. Quel grand cadeau à offrir gratuitement, généreusement et sans rien attendre en retour.

DÉFINITION DE RIRE. Selon Wikipédia: *le rire est un comportement réflexe, exprimant généralement un sentiment de gaieté.*

OBJECTIFS. Le premier objectif du rire est, bien sûr, d'alléger le poids de nos peines et de nos peurs. Par conséquent, d'alléger aussi notre vie. Le deuxième, parce que le rire est contagieux, est de nous aider à voir la vie positivement. Le troisième est que cette ressource tout à fait gratuite est indispensable pour chacun de nous. Un quatrième est qu'il nous permet de reconnaître que vivre en souriant et en riant, c'est la vie à son meilleur.

Parfois, nous n'avons envie ni de sourire ni de rire pour de nombreuses raisons: un chagrin, une mauvaise nouvelle, une situation pénible ou autres. Malgré tout, le sourire (et l'équanimité, par conséquent) a toujours sa place et sa raison d'être. Il peut être entendu, timide, las, amical, chaleureux, amoureux, radieux, poli, tendre. Plusieurs formes de sourire s'offrent à vous, et vous serez toujours gagnant à le privilégier, quelle que soit sa forme. Un sourire pourrait même se comparer à un billet de banque, car il rapporte. Toujours offert gratuitement, le sourire engendre des dividendes de bonheur et des retombées agréables et fructueuses pour chacun.

Les enfants rient beaucoup, et beaucoup plus que les adultes. Imitons-les et nous ne le regretterons jamais. Sachez rire également de vous-même. Vous verrez que cet exercice dissipera vos soucis, vous amènera à développer de nouvelles croyances et à éliminer celles que vous jugerez alors inutiles ou fausses.

Sourire et rire sont une véritable raison d'être. De plus, ils vont de pair avec l'équanimité. Il est donc fondamental et impérieux de pratiquer cette 9e action. Pourriez-vous imaginer un couple d'amoureux qui ne rirait jamais ensemble? Il irait droit à sa perte. Je me souviens, lorsque j'étais célibataire et à la recherche d'un amoureux, qu'une des premières qualités qui me fascinait chez un homme était sa capacité de rire et de me faire rire. En général, les gens de bonne compagnie possèdent cette qualité.

AVANTAGES. Le premier est, bien sûr, de prendre la vie du bon côté, de la voir ainsi, et de dédramatiser certaines circonstances ou faits. Le deuxième est de développer en soi la faculté de se relier au bonheur plutôt qu'au malheur.

Quoiqu'il ne faille jamais associer l'idée des antennes vers le haut au sourire ou au rire, (voir mes deux livres précédents), sachez que dans la douleur, la peine ou lors d'un chagrin trop profond, il vous faudra alors faire l'effort de porter une attention toute particulière à garder les antennes situées aux commissures de vos lèvres *vers le haut.* Si vous n'avez pas envie de rire ou de sourire, je recommande impérativement malgré tout de garder au moins vos antennes vers le haut. Pendant cette période plus difficile, elles feront office de sourire, tout en changeant la dynamique des événements pénibles de votre vie et votre façon de la voir. Mais sachez reconnaître le moment où il vous faudra reprendre un véritable sourire.

Rire pour le plaisir, rire de soi-même, faire rire, se faire rire, sourire à la vie sont toutes des actions aussi importantes que respirer. Sans air, on ne peut pas vivre bien longtemps. Sans rire, on meurt à petit feu. Rire est très bénéfique pour la santé physique et mentale, ainsi que pour l'âme.

N'est-il pas plus agréable de sourire que de pleurer. On dit que rire et pleurer sont très près l'un de l'autre. S'il en est vraiment ainsi, pourquoi ne pas choisir le premier? Vous constaterez probablement, et à tous les jours, des effets différents à votre travail, chez vous et avec d'autres personnes.

Souriez, vous ne le regretterez jamais. Et pour bien compléter ce chapitre, en espérant réussir à vous arracher un sourire, je me suis amusée à créer un acrostiche.

S ouvent
O utrageux
U niversel
R alentir
I déal
R etrouver
E xceptionnel

Celui-ci donne cette phrase à garder en tête et à mémoriser, résumant assez bien une belle manière de voir la vie:

S ouvent,
O utrageusement et
U niversellement,
R alentissons notre rythme pour atteindre notre
I déal plus rapidement et
R etrouver un monde
E xceptionnel

Je joue peut-être un peu avec les mots et plus particulièrement ici avec les lettres, mais je persiste à croire que cela serait une bonne idée de bien retenir cette phrase pour ne jamais oublier de toujours *SOURIRE,* même si vous n'en avez aucune envie, ni aucune raison de le faire; et j'insiste sur ce point, *même si vous n'avez aucune envie ni aucune raison de le faire.*

Souvent, outrageusement et universellement,
ralentissons notre rythme pour atteindre
notre idéal plus rapidement et retrouver
un monde exceptionnel.

Facile à accomplir tout en étant vraiment importante, cette action semble en même temps facile à oublier et, par le fait même, difficile à pratiquer régulièrement. Soyez donc vigilant à garder le sourire, obligez-vous à rire et à faire rire les autres et vous-même. Réveillez-vous en souriant. Au début, faites un effort pour provoquer les rires, et vous verrez très rapidement ce qu'il en découlera par la suite, soit de véritables raisons de sourire et de rire, car la vie vous aura vite répondu en vous étonnant par la magie qu'elle saura créer dans votre vie.

Nous sommes ici-bas pour rire. Nous ne
le pourrons plus au purgatoire ou en enfer.
Et, au paradis, ce ne serait pas convenable.

– JULES RENARD,
écrivain français

Action numéro 10.
ACCEPTER SON ENTIÈRE RESPONSABILITÉ

Histoire vécue

Je n'ai jamais aimé faire du *shopping*, ni pour les vêtements ni pour découvrir les nouvelles tendances de la mode.

Une amie, sachant que j'étais à la recherche d'une nouvelle toilette pour une soirée avec mon mari, m'informa qu'à l'usine où elle travaillait, leurs portes étaient ouvertes au public le vendredi qui venait. Elle était certaine que je pourrais y trouver ce qu'il me fallait, compte tenu que plusieurs *designers* s'étaient regroupés pour l'événement. De plus, tout était soldé à 50 %.

Après un long moment de recherche intensive, en plus d'être secondée par cette amie qui, en même temps, jetait un œil sur mes trois enfants qui avaient un plaisir fou à jouer à la cachette dans ce grand entrepôt, je n'avais rien trouvé qui m'allait. J'étais déçue.

J'allais partir quand je me suis rappelé que nous sommes toujours responsables des manques dans notre vie et, bien sûr, de l'abondance qui y entre. Je me suis alors demandé pourquoi, devant tant de choix et de vêtements de qualité, je restais incapable de me dénicher une tenue pour cette soirée. Comme je sais que je suis la cause première de tout manque, échec ou réussite dans ma vie, j'ai vérifié à quoi avaient ressemblé mes pensées au cours de la journée, et ce que j'avais ressenti. J'ai alors constaté qu'elles étaient axées sur le manque. J'ai donc pris une grande respiration pour ensuite transcender mes pensées négatives pour des plus sereines.

Quelques instants plus tard, j'ai entendu la plus jeune de mes filles, Élisanne (qui était à ce moment-là âgée de 4 ans et demi) me crier: « Maman, maman, achète cette jupe, regarde comment elle jolie et douce! »

Je n'arrivais pas à découvrir d'où me parvenait sa belle petite voix pleine d'enthousiasme, pour finalement l'entrevoir entre deux rayons, si minuscule au milieu de tous ces vêtements. Elle tenait une très jolie jupe encore à demi coincée entre deux autres vêtements. En effet, elle était magnifique et très originale. Elle était faite de pure laine d'un gris antique très sobre, circulaire et ample, plutôt lourde de par sa longueur et sa largeur. De plus, sa taille haute m'allait très bien. J'ai toujours pensé qu'il s'agissait d'un véritable miracle que ma fille ait pu découvrir ce beau vêtement parmi un si grand nombre d'articles. Élisanne a maintenant 26 ans, et je porte encore cette jupe, toujours remarquée et remarquable, et je l'aime tout autant qu'au premier jour. Cette première trouvaille de ma fille fut suivie de bien d'autres. Elle a toujours eu, en effet, l'œil juste pour m'habiller, elle savait ce qui m'allait ou non, et elle était sans pareil pour me dénicher de belles tenues. Ses suggestions et ses idées me facilitèrent de beaucoup la vie tout au long des années et, une fois de plus, j'ai remercié la vie et sa grande aide.

■ ■ ■

Ce n'est pas parce que cette action est en 10e position qu'elle se veut de moindre importance. Sachez que les dix actions de ce livre sont toutes importantes, sans exception. Elles doivent toutes être considérées sérieusement, d'autant plus qu'elles sont d'une grande souplesse à appliquer, avouons-le. Si vous privilégiez l'une plutôt que l'autre, les résultats ne manqueront pas d'arriver mais plus lentement, bien évidemment.

Le sujet abordé dans cette section sera sur notre entière responsabilité *face à nous-mêmes,* et également *face aux autres, au reste du monde et à la planète entière.*

DÉFINITION D'ACCEPTER SON ENTIÈRE RESPONSABILITÉ. Cela signifie dans un premier temps de prendre conscience que nous sommes entièrement *responsables de nous-mêmes,* et de ce qui nous arrive, qu'il s'agisse de nos bonheurs ou de nos malheurs. Il faudra donc admettre une fois pour toutes que nous ne sommes pas des pantins dirigés au hasard, ou au gré de la pluie ou du beau temps, ou par une quelconque force extérieure. Sachons que tout ce qui nous arrive est le fruit de nos pensées, de notre attitude et de nos croyances. Ensuite, il nous restera à faire un pas de plus et à accepter que nous sommes également *responsables des autres, du reste du monde, de la planète, de l'Univers.*

Reprenons. Nous sommes complètement et entièrement responsables de tout ce qui nous arrive, comme beaucoup le savent déjà et en sont parfaitement conscients. Par contre, en plus de cette première responsabilité, nous en avons une deuxième : nous sommes responsables de l'état du monde, de ses habitants et de la planète tout entière. À mon avis, cette responsabilité est beaucoup moins connue, et plusieurs n'en comprennent pas la teneur, ou l'ignorent complètement. Certains sont d'accord sur ce principe et l'acceptent, alors que d'autres le refusent et ne veulent pas du tout l'endosser.

En effet, ce n'est pas évident d'accepter cette énorme responsabilité, mais il en est vraiment ainsi. Admettre que nous sommes les créateurs de nos propres malheurs et bonheurs demande déjà une bonne humilité. Prendre conscience également de notre propre implication dans les malheurs et les bonheurs des autres, de par notre façon de penser et de réagir à la vie, peut paraître inacceptable dans le vrai sens du mot. Bien sûr, je saisis la difficulté à endosser cette responsabilité, mais il n'en reste pas moins que c'est effectivement le cas, que cet énoncé est vrai, juste et définitivement démontrable, puisque son mécanisme est facile à saisir.

Pourquoi devons-nous accepter et endosser cette responsabilité face à ce qui nous arrive personnellement et, de plus, à ce que la terre et les autres vivent ? Pourquoi doit-on porter sur nos épaules ce lourd fardeau qu'est l'état général du monde ?

En fait, la question n'est pas de savoir pourquoi il nous faut porter ce fardeau, mais plutôt pourquoi en est-il ainsi, pourquoi le monde est-il régi ainsi ?

Nous savons tous que nos pensées, bonnes ou mauvaises, lourdes ou légères, pleines de vie ou de tristesse nous influencent personnellement. Par conséquent, elles jouent sur le cours de notre vie et celui de nos proches. Il va sans dire que ces pensées et ces états d'âme ne manqueront pas d'influencer les gens autour de nous, tels que notre mari, nos enfants, nos collègues, nos amis, etc. Donc, ces mêmes pensées influenceront le reste du monde, c'est-à-dire la planète entière, par ces personnes qui les auront reçues et projetées inconsciemment à d'autres personnes. Voilà pourquoi nous sommes responsables de l'état de la terre entière, de par notre manière de penser, de réagir et de vivre.

OBJECTIF. Prendre conscience que la vie n'a laissé aucune place au hasard. La vie, le monde, la planète sont régis de façon précise, et les pensées et le ressenti intérieur de chacun y jouent un rôle. Si la joie, la confiance, la tolérance, l'empathie, l'amour prédominent sur la tristesse, la peur, l'inquiétude, le désordre et l'injustice, la terre réagira totalement différemment. Il est donc primordial que chacun porte une attention particulière à ses pensées et ses agissements, et qu'il les réajuste en conséquence, car leurs répercussions sont illimitées, qu'elles soient bonnes ou mauvaises.

Je ne veux certainement pas vous accuser ou vous culpabiliser de l'état actuel du monde, et encore moins vous faire peur. Mon but est simplement de vous démontrer que nous sommes tous des êtres humains vivant sur cette terre, et qu'en conséquence nous avons tous une responsabilité les uns envers les autres. Soyez heureux et vous verrez que la terre ne s'en portera que mieux.

AVANTAGES. Ils sont énormes. Découvrir cette grande vérité apporte la liberté. Nous comprenons alors que plus rien n'est le fruit du hasard. Nous sommes libérés de nos fausses chaînes, nous croyant à la merci du destin ou liés aux malheurs par quelque force inconnue. Cette 10e action, quand elle bien comprise, nous amène à mieux rationaliser et à mieux gérer l'ensemble de nos réactions et de nos interprétations des événements, de nos soucis ou de nos problèmes. En conséquence, sachant que nos réactions auront une répercussion directe sur nous-mêmes et sur les autres, nous serons davantage portés à reprendre le contrôle de nos faits et gestes dans le but de donner à la planète ce dont elle a le plus besoin, c'est-à-dire de l'amour et de la joie. Une telle vision jumelée au comportement correspondant engendrera automatiquement une qualité de vie supérieure pour tous.

Faisons un petit exercice:

Prenez vos problèmes, quels qu'ils soient: petits, moyens ou gros, un à la fois ou non, et examinez-les bien.

Regardez ensuite la Terre, tout comme si vous étiez un satellite tournant autour de notre planète dans l'espace. Regardez cette Terre dans son ensemble, immense, ronde, avec ses grandes étendues d'eau et ses continents. Elle vous semble même très petite de là-haut.

Ensuite, trouvez le lieu où vous vous situez présentement sur cette Terre. Localisez-le. Réalisez-vous combien vous êtes un minuscule et micro petit point sur notre planète?

Puis, réexaminez vos problèmes en les observant dans ce petit point que vous venez de localiser sur la Terre. Comment sont-ils maintenant? Ont-ils perdu un peu de leur force ou de leur ampleur? Ne sont-ils pas plus petits qu'ils ne l'étaient au départ?

Poursuivez ce scénario en examinant maintenant d'un point plus éloigné encore le système solaire et ses planètes. Relocalisez-vous une fois encore dans cette galaxie.

Examinez à nouveau vos problèmes.

Je crois pouvoir affirmer sans me tromper que vos problèmes n'auront pratiquement plus leur raison d'être. Ils seront si petits que vous y attarder sera moins pertinent. Et avec une telle vision, vous pourrez plus facilement vous en détacher.

Voici un autre avantage. Accepter son entière responsabilité permet de mieux garder le cap, de poursuivre son chemin dans la joie. Vivre ainsi aura une énorme et importante influence sur le reste du monde. Être conscient de ce fait nous portera à privilégier une attention sincère et toute particulière à nos pensées et à nos choix. Nous déciderons d'une façon plus claire et plus catégorique de faire le choix de vivre intensément dans la joie, de célébrer, d'exulter, de jouir de la vie, sans nous plaindre, sans critiquer, sans juger et en privilégiant de nouvelles croyances pleines d'espoir et de beauté.

Si, par exemple, *chaque humain de la terre* n'émettait que des pensées constructives pendant une seule heure, ne ressentait que des états d'âme de bonheur, d'amour, de gloire et de joie, ne croyait qu'à la beauté et à la magie de la vie, la planète entière se ferait instantanément plus heureuse, plus clémente, moins chaotique et certainement plus harmonieuse. Nous pourrions le ressentir et nous en rendre compte.

Par contre, si nous continuons à vivre dans la lourdeur, la peur, l'inquiétude, la soumission, la tristesse, la rancune, le jugement, cette même planète, sentant l'inharmonie dans ses entrailles, réagira inharmonieusement, et plusieurs de ses habitants en souffriront énormément.

D'ailleurs, nous pouvons déjà le remarquer par les nombreuses catastrophes naturelles et climatiques que la terre nous inflige: tsunamis, tremblements de terre, inondations, froid en été, chaleur en hiver, vents anormalement forts, tornades ou ouragans, pluies torrentielles, glissements de terrain, grands écarts de température.

Bref, nous sommes responsables autant par nos pensées hostiles, peu utiles et peu aidantes, que par nos pensées porteuses de joie et d'espoir de l'état actuel de la planète, du monde et de ses habitants, et ce, *sans aucun doute.*

Si nous étions vigilants à toujours nous imprégner de bonheur, d'espoir et de pensées de joie, ce qui signifierait de tout accepter sans maugréer, la terre se porterait tellement mieux. Et si nous tous, d'un commun accord, décidions de vivre la tête haute, le cœur joyeux et rempli d'amour, nous verrions rapidement des changements, tout près de nous d'abord, puis au sein de notre communauté entière. Refusons la tristesse, chassons la peur et toute pensée axée sur la maladie, pour créer un monde complètement différent. Faites-en vous-même la démonstration, et vous verrez que cette 10e action est logique, particulièrement vraie, même si elle est peut-être un peu difficile à accepter ou à admettre.

Quoi faire pour y arriver? Vérifiez vos états d'âme régulièrement, et changez-les aussitôt, même si vous n'avez aucune raison de les changer, sauf de vous savoir responsable de l'état du monde. Dès que vous sentez de la tristesse, de la lourdeur ou de la lassitude, déclenchez l'interrupteur magique pour revenir à la joie (voir mon livre *Et si vous étiez en vacances 365 jours par année?)* Supposons que vous n'avez aucune raison d'être dans la joie, revenez quand même à l'espoir. Et vous vous donnerez ainsi la chance d'attirer du beau et, par ricochet, vous accorderez les mêmes bienfaits à la terre, à la planète et au reste du monde. De plus, vous faciliterez votre chemin pour vous diriger plus facilement vers les sommets dans votre vie plutôt que vers les bas-fonds.

En conclusion, *nous sommes tous* responsables de ce qui *EST* présentement à cause de ce qui *EST* dans notre cœur, dans notre esprit et dans notre âme.

Soyons honnêtes et réalisons combien la vie est bien faite. Un seul instant d'attention bien consciente sur une pensée de joie fera une énorme différence pour la terre elle-même.

La vie est parfaitement conçue. Afin de porter cette terre à son meilleur, à l'état de paradis et de grâce où elle devrait se situer, motivons-nous à être un exemple d'espoir et de bonté. Il suffit d'un instant et, pour utiliser le langage informatique, il suffit d'un seul clic pour y arriver. Choisissons ce qui nous illumine plutôt que ce qui nous éteint.

Tu es le jardinier de ta plante intérieure,
et sa croissance et sa beauté sont
sous ton entière responsabilité.

– DANIEL DESBIENS

RÉSUMÉ DE CES DIX ACTIONS

Histoire vécue

À mon retour d'Australie, je devais tout recommencer de zéro, trouver un nouveau toit, un nouvel emploi, une voiture et un amoureux. Comme j'avais eu la chance de vivre dans une très belle maison sur le bord de la mer avec une amie, à Coffs Harbour, je supposais que ma province natale saurait me faire le même cadeau en m'aidant à établir mon nouveau chez-moi tout près d'un cours d'eau.

Cependant, pour différentes raisons, je devais absolument trouver dans la région métropolitaine. Dès que j'avais une minute, je sillonnais les rues près du bord de l'eau à la recherche d'un petit coin intéressant, mais sans succès. Soit trop cher, soit trop petit, soit trop ceci, soit trop cela…

Finalement, une amie, pour me rendre service et m'aider dans mes recherches, a eu l'idée de me remettre les coordonnées d'un collègue, propriétaire d'une maison située au bord de l'eau. Elle était assurée qu'il saurait me guider et me faciliter la tâche dans mes recherches. Comme je n'avais rien à perdre, je l'ai donc contacté et il est maintenant mon mari. Quand on veut, on peut.

■ ■ ■

Ces actions faciles, salutaires, peu compliquées, tout comme les outils et les lois proposés dans mes deux livres précédents, vous demanderont une attention quotidienne, mais en retour vous rempliront d'énergie tout en vous assurant l'état zen.

Pour obtenir rapidement de grands résultats, gardez-les bien en tête, répétez-les mentalement à votre réveil et, si possible, pendant la journée. Sans même vous en rendre compte, vous les aurez intégrées. Source d'harmonie, de paix et de bonheur, ces actions toutes simples, et en même temps très puissantes, vous conduiront tout droit à l'ultime expérience de l'état zen.

Néanmoins, chacune de ces dix actions doit être pratiquée et suivie à la lettre. Par contre, elles seront agréables à adopter pour des résultats rapides et réels, avouons-le. Résumons donc le processus pour arriver à l'état zen et obtenir rapidement l'harmonie dans nos vies et, bien sûr, le bonheur.

1. Lisez régulièrement chacune des actions ci-dessus.
2. Gardez-les sous la main ou, encore mieux, sous les yeux, afin de les intégrer sincèrement et profondément dans votre cœur, votre corps et votre âme.
3. Très rapidement et sans même vous en rendre compte, vivre et pratiquer ces actions sera une partie intégrante de vous-même, vous créant ainsi une vie zen.

Tout comme je le proposais dans mes deux autres livres, faites vos propres expériences et vos essais sans me croire uniquement sur parole.

Sème un acte, tu récolteras une habitude;
sème une habitude, tu récolteras
un caractère; sème un caractère,
tu récolteras une destinée.

– DALAÏ LAMA

Chapitre 3

Le fonctionnement de cette théorie

Pourquoi décider de privilégier ces actions ?

Histoire vécue

Mes enfants aimaient beaucoup les animaux et ils ont toujours été bien entourés puisque nous vivions sur une petite fermette hébergeant un coq, des poules, une oie, des canards, un cheval, un bouc, un mouton, des paons (mes préférés), des chats et un chien, sans parler des truites dans l'étang.

Un jour, malgré tout, ils ont demandé des perruches. Et mon mari, qui adorait ses enfants, s'empressa de leur en acheter chacun une.

À l'époque, les téléphones sans fil n'existaient pas encore, et notre téléphone était fixé au mur de la cuisine. De plus, il sonnait souvent, compte tenu que j'offrais les services d'une table champêtre. On appelait pour des réservations ou des informations, des conseils pour l'organisation d'une fête ou d'une célébration sur notre propriété. Invariablement et à chaque appel, les perruches se mettaient à parler, chanter, jacasser et crier si fort que la conversation n'était plus possible dans ce vacarme assourdissant. Je me rendais alors avec peine jusqu'à la salle de bains en étirant au maximum le fil de téléphone afin de m'y enfermer pour terminer l'appel sans cette cacophonie, tout en l'entendant encore, malgré tout.

Voilà la première raison pour laquelle je voulais les voir disparaître de ma vie et de la maison. De plus, nous devions les baigner et, très souvent, l'une d'elles s'échappait et se réfugiait dans les coins les plus reculés de la maison. Essayez d'imaginer la dextérité et le temps qu'il me fallait pour ramener l'oiseau dans sa cage alors que mes trois jeunes enfants, enchantés et excités de le voir ainsi libre, s'acharnaient à ne pas vouloir qu'il l'y retourne.

La troisième raison était que ces perruches nous réveillaient très tôt le matin, ce qui était pour moi insupportable, non pas que je fusse une lève-tard, mais parce que mes enfants étaient déjà très matinaux, et voilà que maintenant ils se levaient avant l'aurore.

Pour terminer, chaque soir, je devais placer la cage dans la salle de bains, recouverte de deux couvertures afin d'étouffer un peu leur jacassement matinal. Rien n'y faisait, nous les entendions malgré tout.

Je demandais intensément à la vie de me débarrasser d'elles afin que notre quotidien ne soit plus ainsi perturbé et qu'il revienne à la normale. Bien sûr, en attendant de voir ma demande entendue et exaucée, je leur prodiguais malgré tout beaucoup d'attention et de bons soins.

Puis un jour, j'ai dû être hospitalisée pour une chirurgie mineure. À mon retour le lendemain, j'ai remarqué d'abord le silence, puis la cage vide. Quelle joie intérieure! Mais quelle en est la raison, où étaient passées ces perruches? Sans en savoir la véritable cause, même à ce jour, j'ai appris que la veille (peut-être que mon mari n'en pouvait plus de leur bavardage), la cage avait été déposée dehors sur une table, quand une bourrasque de vent l'a jetée par terre. La partie supérieure de la cage s'est séparée de la partie inférieure, libérant les perruches qui se sont envolées vers d'autres cieux. Merci à la vie de ce beau cadeau.

■ ■ ■

Les dix actions expliquées précédemment sont le chemin, à mon avis, le plus rapide pour être zen sans pour autant avoir à tout changer dans votre vie, à vous changer vous-même, à devoir perdre certaines habitudes ou à tout bouleverser.

Est-ce compliqué? Est-ce difficile? En fait, je ne crois pas. N'est-ce pas merveilleux, amusant et facile de:

1. célébrer chaque nouvelle journée (celle-ci étant une fête plutôt qu'une routine);

2. être à l'heure et cesser de procrastiner (finis les oublis ou les sprints de dernière minute. Enfin, tout sera fait dans le temps);
3. bien respirer et sortir dehors le plus souvent possible (quelle vitalité dont vous bénéficierez, et votre corps, votre âme et votre cœur ravis sauront alors vous en remercier);
4. observer, écouter les bruits et contempler (voilà une méditation puissante, peu exigeante et si reposante sans vous astreindre à un horaire particulier);
5. arrêter de vous poser des questions (enfin la paix, c'est vraiment mon action préférée);
6. attendre le meilleur de la vie et lui donner toute votre confiance (finies les inquiétudes et les peurs, quelle belle aventure !);
7. vous reposer dans l'instant présent en choisissant le mouvement au ralenti (plus aucune fatigue qui s'accumule pour rien);
8. être équanimité afin de réveiller votre pouvoir intérieur (être toujours de bonne humeur, quel merveilleux programme et quelle force s'en dégagera !);
9. sourire et rire (n'oubliez pas qu'il s'agit de votre devoir social, quel bonheur il en découlera pour chacun !);

10. accepter votre entière responsabilité face à vous-même et à l'état actuel du monde (j'avoue que ce n'est pas toujours de tout repos à accepter).

N'est-il pas exceptionnel ce programme de vie quotidienne? De plus, il est beaucoup plus facile à réaliser que vous ne pourriez vous l'imaginer et, surtout, plus motivant que de privilégier ses actions contraires.

Admettre leur utilité est déjà un premier grand pas vers une vie zen, saine et source de plénitude. Le deuxième pas sera d'adopter ces actions simples et puissantes pour être doublement gagnant.

Bien sûr, pour vérifier cette théorie, il vous faut d'abord la mettre à l'essai *en la pratiquant.* Voici à quoi devrait ressembler une journée zen et remarquez la simplicité du fonctionnement.

La journée commence, vous voilà réveillé et il faudra vous lever dans quelques instants. *Célébrez* en premier lieu cette nouvelle journée pour ensuite déposer vos pieds sur le sol. Célébrez la vie en lui disant un bonjour rempli de joie, le cœur débordant de gratitude (1re action).

Votre journée en est donc à son début. Surtout, ne vous autorisez pas à dormir quelques minutes de plus, car ce faisant, vous suggérerez à la vie qu'elle ne vaut pas la peine d'être vécue, qu'elle peut attendre et que votre lit est beaucoup plus agréable qu'elle. En retour, elle vous répondra en conséquence. Par contre, si vous dites à votre lit que vous l'aimez, mais que la vie est beaucoup plus agréable que dormir puisque vivre permet de créer, et créer est source de grand bonheur et de fierté, en retour, la vie vous répondra selon vos attentes, mais tout à fait différemment. Vous aurez ainsi choisi la deuxième action, celle de *cesser la procrastination,* d'être à l'heure et d'arrêter de tout remettre à plus tard. Par conséquent, vous aurez déjà commencé à perdre cette mauvaise habitude qui deviendra une démarche proactive et créatrice, judicieuse et avisée (2e action).

Ces deux premières actions sont parfaitement réalisables, souples et d'une grande simplicité, même lorsque vous vivez les pires ennuis. De toute façon, il est nettement plus prometteur de débuter une journée en étant rempli de joie, même en ayant les pires ennuis, car la tristesse et le découragement ne feront que les empirer.

Ensuite, *respirez bien* en prenant de bonnes et profondes respirations et, si possible, près d'une fenêtre ouverte ou dehors (3e action). En même temps, *observez, écoutez les bruits et contemplez,* ne serait-ce que quelques minutes (4e action).

Une fois ce rituel terminé, la journée se poursuit et les questions ne manquent pas de surgir, sans parler des inquiétudes. Arrêtez-les, balayez-les du revers de la main et soyez vraiment appliqué à les débusquer. Voici une suggestion pour *arrêter de vous poser des questions et de vous inquiéter* (5e action).

Prenons un exemple : vous êtes au volant de votre voiture, ou à faire votre ménage, à vous habiller, ou à faire toute autre activité, alors que surgissent d'innombrables pensées et questions dans votre tête. Débarrassez-vous de tout ce qui vous vient à l'esprit, ne vous y attardez pas et revenez au moment présent, en ramenant toute votre attention sur ce que vous accomplissez à l'instant. Ne perdez jamais de temps à chercher des réponses et des solutions à ces questions inutiles : *Est-ce que je ferai bonne figure demain à ma réunion ? Est-ce que mon mari acceptera ceci ou cela ? Est-ce que j'aurai assez de temps pour finir ce travail ? Ai-je eu l'air ridicule ? Est-ce que ma fille m'en voudra ?* Toutes ces questions encombrent votre esprit, vous fatiguent et elles sont inutiles. Pire, elles vous entourent d'une aura négative qui vous éloigne de vos objectifs et de l'état zen.

Cependant, lorsque certaines questions surgissent et demandent vraiment une réponse, arrêtez-vous et donnez-leur toute votre attention. Pour une meilleure réussite, prenez le temps de vous asseoir à votre table de travail, ou dans un endroit propice à la réflexion, et notez sur papier ou sur ordinateur les différentes avenues. Mais surtout ne faites jamais deux choses en même temps, telles que prendre votre douche tout en essayant de trouver des réponses et solutions, ou marcher en ne profitant pas pleinement de cette activité. Il est très important, à chaque instant de la journée, de vivre son moment présent sans s'inquiéter du passé ou se préoccuper de l'avenir, ni se poser des questions inutiles.

La journée se poursuit et vous avez déjà favorisé cinq des dix actions.

Maintenant, *attendez le meilleur de la vie* (6e action), bien sûr, sans vous poser de questions, lesquelles ont déjà été chassées de votre esprit en pratiquant la 5e action. Ensuite, *reposez-vous* dans chaque instant présent (7e action). Étant maintenant libéré de toutes vos interrogations, vous aurez moins de raisons de vous énerver ou de tout bousculer. Vous serez déjà dans un état zen grâce aux précédentes actions, et vous reposer en prenant votre temps découlera naturellement des premières. Ce geste agréable de prendre votre temps vous amènera sans nul doute à la 8e action, celle *d'être équanimité.* Soyez imperturbable devant n'importe quelle situation afin de réveiller votre pouvoir intérieur et lui permettre de travailler en votre faveur.

Ensuite, *sourire et rire* (9e action) se feront naturellement et sans effort. Puis, *acceptez votre entière responsabilité* (10e action) face à votre vie et à l'état actuel du monde, tout en prenant conscience que vous êtes un joueur important et que votre rôle est unique.

Toutes les actions sont accomplies
dans le but d'échapper à la souffrance
et d'atteindre le bonheur.

– ARNAUD DESJARDINS

LES PIÈGES

Histoire vécue

Quand j'étais plus jeune, je faisais souvent de la voile sur la côte atlantique. J'aimais être sur un voilier, j'aimais tanguer, j'aimais la mer, j'aimais l'horizon. Une fois mariée et mère de trois enfants, je n'ai plus eu cette chance, ayant dû mettre de côté cette très belle activité. Et voilà qu'un jour, la voile m'a manqué considérablement. Je souhaitais tellement retrouver cette sensation de liberté, d'espace et de grandeur. Je me suis alors entendue me dire: « Avec toi, tout est possible, et je parie que tu en feras très bientôt… »

À peine quelques jours plus tard, un ami de mon mari, amateur de voile, invita toute notre belle petite famille pour une fin de semaine sur le lac Champlain. Par mesure de sécurité, je souhaitais que le voilier soit muni d'un cordage faisant office de filet sur les garde-fous, compte tenu du jeune âge de nos trois enfants. (Le cordage servait à retenir l'enfant dans le filet s'il perdait pied.) Et le voilier de notre ami l'était. Pour ceux qui connaissent moins le monde de la voile, peu de voiliers, du moins à cette époque, étaient munis de ce cordage. J'étais ravie. La fin de semaine fut merveilleuse, malgré un dimanche couvert et venteux. Quels souvenirs pour mes enfants!

■ ■ ■

Y a-t-il vraiment des pièges à pratiquer ces dix actions? Non, elles sont source de bien-être et de très grande satisfaction, à coup sûr. N'hésitez pas à en vérifier leur force et leur puissance.

Par contre, il pourrait peut-être y avoir des obstacles, soit celui de glisser dans l'incertitude ou les hésitations, ou bien de croire à l'impossibilité d'atteindre l'état zen ou, pire, de ne pas saisir sa véritable importance et sa place dans le monde d'aujourd'hui rempli de compétitivité, de vitesse et de performance. J'ajouterai que c'est justement pour ces raisons qu'il faut se décider à appliquer ces dix actions.

Encore une fois, je ne manquerai pas de vous rappeler que dans la vie de tous les jours, il faut vraiment privilégier ces actions, et cela dans le but bien précis de vous créer une vie plus facile, sans lourdeur, et adoucir ainsi vos souffrances, afin qu'à chaque matin vous soyez heureux de vous réveiller et de vous lever plein de vie, débordant de joie et d'optimisme.

Orienter tous vos gestes et actions afin d'être zen est le meilleur des choix. Par contre, ce qui serait encore mieux, c'est que vous les choisissiez non pas seulement pour être zen ou le devenir, mais pour vous créer une vie saine et harmonieuse afin de transmettre à la terre entière, et plus particulièrement à vos enfants d'abord, une manière de vivre remplie de paix et d'amour en absorbant, acceptant et adhérant à tous les événements de votre vie en étant équanimité. En réussissant à attirer des événements fabuleux, mais bien réels et porteurs de vie, vous serez toujours motivé à vous lever le matin et à débuter chacune de vos journées en la célébrant.

Voilà pourquoi je vous suggère fortement de noter ces actions ou toute autre information utile pour vous, afin de toujours les avoir sous la main pour les lire et les relire jusqu'à ce qu'elles fassent partie intégrante de votre vie. Apprenez-les même par cœur. Trouvez-vous une méthode pour les mémoriser, lisez-les surtout le matin à votre réveil ou le soir à votre coucher.

Les voici de nouveau :

- *action numéro 1 - célébrer le nouveau jour dès son réveil ;*
- *action numéro 2 - arrêter de procrastiner et de perdre son temps ;*
- *action numéro 3 - bien respirer et sortir dehors le plus souvent possible ;*
- *action numéro 4 - observer, écouter les bruits et contempler ;*
- *action numéro 5 - arrêter de se poser des questions et de s'inquiéter ;*
- *action numéro 6 - attendre toujours le meilleur de la vie ;*
- *action numéro 7 - se reposer dans chaque instant (mouvement au ralenti) ;*

- *action numéro 8 - être équanimité afin de réveiller en soi son pouvoir intérieur;*
- *action numéro 9 - sourire et rire;*
- *action numéro 10 - accepter son entière responsabilité.*

Il ne faut pas de « tout » pour faire un monde.
Il faut du « bonheur », et rien d'autre.

– PAUL ÉLUARD

LA FOI

Histoire vécue

Je m'étais installée depuis peu à Coffs Harbour, une belle petite ville d'Australie à six heures de route entre Sydney et Brisbane. Je m'y sentais très bien et je trouvais les gens très chaleureux.

J'avais loué une chambre dans une maison familiale et j'y étais un peu considérée comme une grande tante. Au deuxième étage, juste à côté de ma chambre, j'avais remarqué un téléphone public dans une salle de séjour très agréable mise à ma disposition. C'était une première pour moi de voir un téléphone public dans une maison. J'ai appris par la suite sa raison d'être.

J'étais certaine qu'il n'était pas fonctionnel jusqu'au jour où il sonna, c'est-à-dire trois semaines après mon arrivée. (Je n'avais d'ailleurs pas encore eu le temps de m'informer du pourquoi de sa présence.) Ayant été secrétaire pendant des années, j'ai eu le réflexe de répondre, et l'appel m'était justement destiné. J'étais tellement surprise que je n'en comprenais pas trop la teneur, mais j'ai finalement saisi. La dame, attachée à un organisme communautaire, m'invitait à me joindre à un petit groupe d'immigrants nouvellement arrivés dans la région, pour une fin de semaine de maillage entre l'Université de New England, à Armidale (une ville universitaire), et leur organisme communautaire voué à l'aide aux immigrants. Elle m'informa que le coût des activités et du transport étaient une gracieuseté de l'université, tandis que celui du gîte et du couvert était offert par les professeurs qui nous accueillaient chez eux. De plus, un petit autobus avait été loué et mis à la disposition de notre groupe pour nous y rendre. J'étais stupéfaite et ravie de cette invitation offrant un séjour sans frais de deux jours dans une autre région de l'Australie.

J'étais curieuse de savoir comment elle avait obtenu mon nom et mes coordonnées. Une de ses amies, travaillant pour le centre de bénévolat pour lequel je donnais quelques heures hebdomadairement, l'avait informée de ma récente arrivée. Comme Coffs Harbour était une petite ville, il lui avait été facile de me retrouver et de rejoindre la famille où je logeais. Et celle-ci leur avait transmis le numéro du téléphone public au deuxième étage. J'étais aux anges, et c'était la première fois que mon bénévolat me rapportait autant, et surtout si rapidement. Ce fut une fin de semaine extraordinaire pendant laquelle j'ai connu d'autres nouveaux arrivants et appris les raisons les amenant dans ce beau pays. J'ai connu aussi une magnifique ville universitaire et ses environs, totalement différente d'une ville balnéaire telle que Coffs Harbour. Mes hôtes (car chaque invité logeait chez différents professeurs) étaient russes, et tous les repas servis pendant le week-end avaient été des recettes régionales de leur pays. J'ai eu l'impression de faire deux voyages en un.

Mais au fait, vous ai-je dit la raison d'être de ce téléphone public au deuxième étage? Il avait été mis à la disposition des deux chambres de l'étage supérieure réservées aux locataires comme moi pour qu'ils soient plus à l'aise et pour plus de discrétion lors de leurs conversations personnelles, ce qui libérait en même temps le téléphone familial. J'ai remercié encore une fois la vie de m'avoir donné la chance d'avoir la *foi*, de croire aux miracles et surtout de les attendre avec conviction.

■ ■ ■

Le thème de la *foi* est, une fois de plus, abordé dans ce 3e ouvrage de la trilogie *365 jours par année*, même s'il a été assez bien élaboré dans mes livres précédents. Pourquoi? Tout simplement parce que les avantages à utiliser la foi sont trop peu connus, à mon avis. De plus, je sentais que je me devais de lui rendre ses lettres de noblesse et sa juste valeur. J'ai remarqué également que trop peu de gens connaissent sa vraie nature et sa raison d'être. Ensuite, je voulais en expliquer davantage le mécanisme afin qu'il soit mieux compris et que son efficacité à toute épreuve soit reconnue. La foi a un rôle bien précis à jouer, car elle permet d'arriver à destination. Sans la foi, le chemin est plus long.

Ce qui est important à retenir est que la foi est un processus par lequel nous décidons d'être heureux tout de suite pour plusieurs grands bonheurs que nous désirons voir se réaliser.

Quand tout va mal dans notre vie, nous jetons souvent le blâme sur les autres ou sur les événements. Nous pensons qu'on nous bouscule, qu'on nous oublie ou que la vie est injuste. En fait, c'est faux; c'est plutôt nous qui nous oublions, et qui oublions de nous *réserver* des moments de calme, d'harmonie et de joie axés sur la foi. Nous sommes passés maîtres dans l'art de nous créer des ennuis et des difficultés par nos peurs, nos rancœurs, nos vieilles blessures, nos innombrables inquiétudes. Par contre, si nous savions mieux utiliser la puissance de la foi, nous serions plus confiants, plus en paix, plus calmes.

Précisons cependant que le mot *foi* n'a pour moi aucune connotation religieuse et n'est rattaché à aucune religion. La foi est un phénomène naturel qui crée ce que nous aimerions voir se manifester dans notre vie, si nous décidons d'abord et avant tout d'être heureux tout de suite pour ce bonheur futur ou ce résultat désiré, en même temps que croire sans jamais en douter que vous recevrez sous peu ce résultat demandé. Donc, être heureux tout de suite engendrera la manifestation de ce bonheur, laquelle sera rendue possible par le processus de la foi, ou par le bonheur et la joie réellement sentis avant même d'avoir reçu l'objet de ce désir.

En d'autres termes, il s'agit d'être heureux tout de suite pour un objectif qui se réalisera ultérieurement, en n'ayant aucun doute sur sa manifestation.

Ressentez donc à l'intérieur de vous un grand bonheur tout en vous en imprégnant jusqu'au fond de votre cœur, votre corps et votre âme, et vous verrez alors se manifester l'objet de vos désirs.

De plus, grâce à la foi, aucun instant de votre vie ne sera gaspillé ou gâché. Souvent, lorsque nous aspirons à un nouveau travail, à une nouvelle vie, à l'amour ou à de meilleures conditions financières, tant que nous n'obtenons pas l'objet de nos désirs, nous sommes moins heureux. Ce qui est en opposition avec les lois de la nature. En ayant la foi, vous serez perpétuellement dans un état de bonheur et profiterez de chaque instant. Cette décision vous apportera sur un plateau d'argent un nouveau travail, une nouvelle vie, une maison, l'amour ou de meilleures conditions financières.

Pour poursuivre cette idée, ce que l'on ressent à l'intérieur de nous s'extériorise toujours, et cela très rapidement. Donc, si vous ressentez en vous des difficultés face à la vie, la vie sera difficile.

Bien sûr, j'utilise tous les jours, et à toutes les sauces, la force de la foi pour obtenir ce que je désire. Et tous les jours, j'en vois les résultats. La foi peut être utilisée pour les petites, moyennes et grandes réalisations. Cette foi est un outil à ne pas dénigrer ni à sous-estimer. De plus, il est très amusant de mettre à l'épreuve la puissance de la foi. Vous m'en donnerez des nouvelles.

Pour parvenir à l'état zen, la foi est très utile. Non pas la foi en quelque chose, la foi en Dieu ou la foi religieuse, mais plutôt la foi en la possibilité d'arriver à ses fins, ses buts, ses désirs, ses aspirations à être zen, en étant heureux tout de suite, dans la joie instantanément, nous évitant ainsi des efforts démesurés ou une discipline monastique.

La foi est une vision des choses
qui ne se voient pas.

– JEAN CALVIN

VOTRE PARTICIPATION

Histoire vécue

C'était le lundi, le premier d'un mois de novembre et, exceptionnellement, les écoles avaient dû fermer leurs portes à cause d'une première grosse tempête de neige. Mon mari, n'ayant pu se rendre à son travail à Montréal, a alors eu l'idée de sortir la motoneige et le traîneau s'y rattachant pour le plaisir de nous promener aux alentours avec les enfants et de jouer dans la neige et surtout de profiter de cette journée de congé que Dame Nature avait bien voulu nous offrir.

L'après-midi était déjà pas mal avancé et la noirceur commençait à tomber quand la motoneige s'embourba dans une neige lourde, mouillée et légèrement glacée. Mon mari, nos trois enfants et moi avons mis tous nos efforts et nos idées pour réussir à nous sortir de ce bourbier. Nous participions chacun à notre manière, heureux de savoir que, tous ensemble, nous trouverions la solution. Finalement, après que l'un eut apporté plusieurs branches pour combler un trou et renforcer le sol, que d'autres eurent poussé de toutes leurs forces et que le petit dernier fut devenu un levier grâce à son poids, nous avons réussi à dégager la motoneige et reprendre le chemin du retour.

Une fois dans son lit, mon petit garçon David-Alexandre, âgé de sept ans à peine, m'a dit le plus sérieusement du monde, comme un grand sage philosophe, combien nous étions chanceux d'avoir eu cette belle neige pour nous amuser, et d'avoir eu la possibilité de faire de la motoneige, et surtout d'avoir été capables de trouver ensemble des solutions pour nous dépanner sans aide extérieure. Il était très heureux de cette belle journée passée tous ensemble et il a ajouté que les autres enfants de sa classe n'avaient pas sa chance, ni celle d'avoir des parents qui aimaient s'amuser avec leurs enfants. Il a terminé en me disant qu'il n'aurait jamais pu imaginer le matin même à son lever passer une aussi belle journée dehors avec ses sœurs et ses parents. Ce qui l'avait fasciné surtout, c'était d'avoir joué le rôle de levier dans le processus, même s'il était le plus jeune et le plus petit. Il se reconnaissait maintenant utile et nécessaire, et cela lui apportait un grand bonheur, la fierté ressentie d'avoir contribué à dégager la motoneige de sa fâcheuse position. Je l'ai embrassé très fort et il a fermé les yeux.

■ ■ ■

L'enjeu d'être zen et d'expérimenter ces dix actions simples et puissantes est grand et fondamental. Bien sûr, votre participation attentive est nécessaire.

Imaginez si chacun de nous décidait de s'y mettre en les pratiquant sincèrement et de bonne foi. Seriez-vous à même d'imaginer toutes les innombrables et merveilleuses répercussions que cela aurait sur le monde entier ainsi que sur nos enfants, nos voisins et la planète entière. Il devient vraiment indispensable d'en saisir la portée réelle pour enfin réussir à vivre pleinement sans aucune peur. En plus d'apporter du bonheur et d'éloigner les malheurs, cette façon de vivre fera de notre monde un paradis d'autant plus rapidement si nous suivons les outils et les lois permettant d'être en vacances et comblé d'amour 365 jours par année.

Il faut bien l'avouer, les éléments mentionnés au chapitre 2 ne sont pas du tout difficiles à préférer et à pratiquer. Voilà pourquoi il faut vraiment voir dans ce livre plus qu'une possibilité de faire, mais également une faisabilité contagieuse, car tout est simple, élémentaire et fondamental. Soyons alertes, soyons au rendez-vous et vivons sans compliquer les choses, sans se compliquer la vie. Vivons un instant à la fois, n'est-ce pas utile et pratique?

Je trouve parfois même indécent de vivre ainsi, ayant si peu de contraintes à subir, sauf celle d'être bien présent et attentif à chaque instant. Ce faisant, arrivent de toutes parts plein de magie, de cadeaux et une suite d'événements heureux et agréables, toujours plus intéressants les uns que les autres. Et l'effort est si minime par rapport à la méthode que j'utilisais auparavant, soit celle de me poser des questions, d'anticiper, de m'inquiéter, d'avoir souvent peur et de n'être jamais dans le *ici et maintenant*.

Aidons-nous chacun, aidons-nous les uns les autres à participer à ce but et à sa finalité. Regroupons-nous pour pratiquer cette manière de vivre afin de ne pas retomber dans nos anciennes habitudes. Il est toujours plus facile de nous encourager mutuellement que de nous isoler. De plus, discuter de nos bons coups, des miracles que nous avons vécus ou de la magie survenue dans notre vie reste et restera toujours un moment heureux pour chacun, nous incitant à continuer dans cette même voie et, par conséquent, à aider les autres à poursuivre grâce à notre exemple.

Plusieurs pourraient facilement s'éloigner de cette nouvelle façon de vivre parce qu'ils n'auront eu personne autour d'eux avec qui en discuter. Avoir de bons outils et une détermination à vouloir les utiliser est excellent, mais il faudra être vigilant afin de s'en servir sur une base régulière pour arriver à créer un monde merveilleux et serein. Tous vivront alors une vie harmonieuse, équilibrée et remplie d'abondance. Soyons fiers de parvenir à créer ces changements qui surgiront rapidement. Quel héritage magnifique laisserons-nous à nos enfants qui ne seront plus témoins de nos peurs, de nos inquiétudes et de nos découragements. Ils auront la chance d'être élevés et éduqués par de bons parents joyeux, confiants, sans peur, pleins de douceur et d'amour. Ceux-ci leur consacreront du temps de meilleure qualité et s'accorderont, par la même occasion, un cadeau sans prix, soit celui de savourer chaque instant avec leurs enfants tout en étant présents à chacune des étapes de leur développement.

N'est-ce pas un héritage d'une valeur inestimable à leur léguer? Les enjeux sont donc très importants.

Connaître, ce n'est point démontrer ni expliquer.
C'est accéder à la vision. Mais pour voir,
il convient d'abord de participer.

– ANTOINE DE SAINT-EXUPÉRY,
pilote de guerre, 1942

CHAPITRE 4

Les stratégies pour renforcer les 10 actions

Histoire vécue

Mes trois enfants, alors âgés de trois, quatre et cinq ans et demi, Marjorie, Élisanne et David-Alexandre, ont débuté leur premier cours de patin le même jour, soit un dimanche, à la même heure, le groupe ayant été divisé selon l'âge des participants.

Après trois mois d'efforts soutenus pour réussir à rester debout sur leurs patins, les professeurs organisèrent un petit spectacle sur glace dans le but d'encourager et de motiver les enfants. Pour ce grand jour, nos petits patineurs devaient porter du rouge et du noir: jupes noires pour les filles, chandails rouges pour tous, et pantalons noirs pour les garçons. Mes filles avaient déjà tout ce qu'il leur fallait. Quant à mon fils, il lui manquait son chandail rouge. Le jour du spectacle, un grand jour pour tous, mon mari décida de les photographier avant notre départ pour l'aréna. Il réalisa alors que notre fils n'avait pas son chandail rouge. J'avais complètement oublié de voir à lui en procurer un. Comment palier à cet oubli? À l'époque, les magasins étaient fermés le dimanche. Je ne comprenais vraiment pas comment j'avais pu faire un tel oubli, et encore moins pourquoi la vie ne me l'avait pas rappelé. J'acceptais difficilement que mon intuition n'ait pas joué son rôle comme à l'habitude. Finalement, j'ai compris que si je n'avais reçu aucune directive à cet effet, cela voulait probablement dire que j'avais ici même ce qu'il fallait.

Je descendis au sous-sol en quête de quelque chose qui pourrait faire office de chandail rouge. Et là, juste devant mes yeux, au bas de l'escalier où se trouvait un fauteuil, j'ai aperçu sur le dossier un petit chandail rouge, exactement de la taille de mon fils. Comment était-il arrivé sur ce fauteuil? Qui l'avait mis là? Encore une fois, je ne l'ai jamais su… Je n'en croyais pas mes yeux! Au début, je pensais qu'il s'agissait d'une hallucination, désirant tellement que mon fils puisse faire partie de ce spectacle. Ou peut-être était-ce une apparition. Je l'ai pris, je l'ai touché, je l'ai regardé. Je ne l'avais jamais vu auparavant. Mais il était là, c'est tout. Là encore, la vie m'avait épaulée par ce petit miracle et, une fois de plus, je l'ai remerciée, les larmes aux yeux, remplie de bonheur, d'étonnement et d'incrédulité. Je sais que les miracles existent et je sais aussi que la vie peut toujours répondre à tous nos besoins, et ce sont ces réponses que j'appelle des miracles. Malgré tout, je reste et resterai toujours étonnée et émue devant tant de magnificence.

■ ■ ■

Les stratégies sont très semblables aux deux premiers tomes de cette trilogie.

Un roman divertit, et un livre psycho-populaire, tout en divertissant également, peut devenir un guide ou un outil précieux, (surtout si nous sommes d'accord avec le fondement que l'auteur présente) seulement si nous décidons d'en retenir les idées qui nous conviennent le plus et de les appliquer.

Il ne faut pas seulement lire ligne après ligne, page après page et livre après livre. Il faut savoir aussi utiliser et mettre en pratique les informations qui nous conviennent. Il arrive souvent que le lecteur voie, dans les propos d'un livre, en tout ou en partie, matière à approfondissement ou à réflexion pour une meilleure compréhension de la vie. Mais si le lecteur ne fait rien pour les approfondir et, une fois sa lecture terminée, s'il dépose l'ouvrage sans plus, même si celui-ci aurait pu répondre à certaines de ses interrogations, ou contenir les éléments nécessaires pour régler de mauvais ancrages ou de fausses fixations, la lecture est inutile. Je trouve dommage d'être si près d'une solution qui apporterait des modifications valables dans sa vie, sans pour autant que la personne passe à l'action. Cela m'attriste, car à partir du moment où vous considérez comme étant utiles certaines informations ou données d'un livre et que vous aimeriez les voir intégrées dans votre quotidien, il vous faut les écrire sur papier. Ainsi, vous pourrez vous y référer, ce qui vous évitera d'oublier les points qui vous paraissaient importants, et les réviser aisément pour mieux les assimiler. Cette stratégie vous facilitera la tâche.

Accéder à une vie valorisante ne peut pas se réaliser seulement en lisant l'un après l'autre des livres de croissance personnelle. À chacune de vos lectures, relevez plutôt les éléments qui semblent pertinents pour vous et qui vous conviennent le mieux afin de les mettre ensuite à l'essai.

Voici une dernière stratégie pour consolider ces actions simples et puissantes afin qu'elles deviennent votre seconde nature. Pour ma part, elle vaut son pesant d'or: acceptez une fois pour toutes que la vie soit votre meilleure amie. Gâtez cette amie et elle vous le rendra. Ne parlez jamais contre elle et il ne vous arrivera jamais rien de mal. Remerciez-la pour tout ce qu'elle vous donne jour après jour, et vous verrez qu'elle vous apportera davantage. Cette stratégie est très puissante et vous aidera à être zen.

Sachant que la vie est votre meilleure amie, votre partenaire et votre associée toujours prête à vous aider, vous saurez qu'elle vous soutiendra dans votre pratique et, par conséquent, vous serez plus ouvert à adopter les thèmes de ce livre qui deviendront beaucoup plus faciles à mettre en pratique.

La vie est ce à quoi vous vous attendez d'elle, ni plus ni moins. Je vous propose donc d'attendre toujours de sa part plus que le meilleur.

Dans certains cas, il serait même approprié d'apprendre par cœur certaines idées ou certains thèmes afin de les garder en mémoire. Ces notions ainsi retenues joueront le rôle d'un phare. Nous savons tous, et moi la première, qu'il est facile d'oublier certaines informations et tout aussi facile de négliger de mettre à l'essai celles qui nous semblent intéressantes et qui nous conviennent.

Je le répète: prenez des notes. Relisez-les. Imprégnez-vous de celles-ci, ressentez les thèmes inscrits et vous verrez votre vie changer rapidement. En fait, le seul effort que vous aurez eu à faire aura été de vous en rappeler.

Une autre stratégie nécessitant très peu de votre part est de prendre le temps de vérifier où vous en êtes dans votre pratique. Comment faut-il faire? Lisez une à une chaque action et faites le bilan suivant: l'ai-je privilégiée? l'ai-je oubliée? pourquoi? en quoi cela a-t-il été facile ou difficile? ai-je tout simplement manqué de vigilance? Puisque chacune d'elles est relativement simple, demandez-vous pourquoi vous ne vous êtes pas appliqué davantage.

Si vous décidiez, dans un premier temps, de ne choisir que deux ou trois actions, ce sera déjà très louable. Ces premières initiatives seront un commencement et vous amèneront progressivement à voir votre vie changer pour le mieux. Les résultats obtenus vous donneront l'occasion de privilégier les autres, l'une après l'autre, et de les mettre également à l'épreuve.

Exemple: si vous décidez d'arrêter de procrastiner le matin et de vous lever sans hésitation en gardant en tête l'idée de la fête et de la célébration, vous constaterez rapidement que votre journée sera totalement différente et se présentera à vous comme une fête plutôt qu'une corvée. Par conséquent, vous vivrez et connaîtrez des journées remplies de petites et grandes joies qu'occasionne normalement une fête.

Une autre stratégie serait de vous amuser, de tester, de faire des essais et erreurs, un peu comme dans un laboratoire. Votre quotidien s'éloignera de la routine et prendra une autre allure et vous ferez certainement des découvertes intéressantes vous guidant sur d'autres pistes. Un peu comme dans le premier tome de cette trilogie où je vous suggérais de faire le test de garder les antennes vers le bas pour une durée de sept minutes, puis au neutre encore pendant sept minutes, pour ensuite terminer avec les antennes vers le haut également pour sept autres minutes. Analysez, ressentez et concluez.

Tous vos efforts ou essais devront sans cesse être imprégnés de douceur, de gentillesse et de bonté par respect envers vous-même.

La meilleure manière d'atteindre le bonheur
est de le donner aux autres.

– BADEN-POWELL,
fondateur du scoutisme

CHAPITRE 5

Les avantages à être zen et à vivre dans cet état

VOUS SEREZ EXALTÉ

Histoire vécue

J'avais décidé de faire l'acquisition d'un vrai bureau de travail avec tiroirs et rangement, car il y avait déjà trop longtemps que je me contentais d'une grande table, sans aucune possibilité de classer mes documents, crayons et papiers, sauf dans une petite armoire à l'opposé de la pièce.

Un après-midi, je me rendis chez un fournisseur spécialisé en mobilier de bureau en tous genres et à tous les prix. Je voulais dénicher un modèle convenant à ma pièce, à mes goûts et aussi à mon portefeuille. Je fus un peu découragée de voir autant et si peu de possibilités en même temps, car j'avais vraiment besoin d'un bureau en coin et je désirais le classeur assorti.

J'allais repartir les mains vides quand la sonnerie de mon téléphone cellulaire m'a sortie de mon désarroi. C'était mon fils qui, faisant le ménage du grenier chez son père et avec sa permission, me proposa l'ancien bureau de mon premier mari, qui était encore très fonctionnel et dans une très bonne condition. Il ajouta qu'ainsi son père serait heureux de voir le grenier se libérer de ces cinq grosses sections. Je me souvenais très bien de ces meubles, lesquels avaient été payés vraiment très cher au début de sa carrière de courtier en valeurs mobilières. En fait, un *designer* les avait conçus exactement pour la grandeur de la pièce qu'il occupait et pour répondre à toutes les exigences de son travail. Le tout comprenait un bureau en coin en deux sections, une crédence et deux classeurs, tous en acajou. J'étais aux anges. Quand mon fils me les livra à la maison quelques jours plus tard, j'ai eu vraiment l'impression que ce mobilier avait été pensé pour mes besoins et pour la grandeur de ma pièce et de son unique fenêtre. Quelle économie pour moi, ce cadeau!

■ ■ ■

Comment pourriez-vous ne pas être exalté, enthousiaste, heureux et plein d'énergie lorsque chaque jour s'illumine.

Vous savez déjà que le bonheur engendre le bonheur et il est exponentiel. Être heureux rend heureux. Célébrer est créatif et apporte toujours d'autres raisons de célébrer, et ainsi de suite.

N'est-ce pas encourageant de réaliser que nous ne sommes pas à la merci des événements, des autres ou d'une force quelconque qui décideraient de notre destinée sans notre avis. Par contre, sachez que nous sommes à NOTRE propre merci. Soyez donc vigilant à vous créer une belle vie et à maîtriser vos pensées prédominantes.

Je suis certaine que vous avez déjà remarqué la ressemblance entre les mots « bonheur » et « malheur ». Ils se terminent tous deux par « heur », qui pourrait signifier « heure ». Quant à leurs premières parties respectives, elles sont à l'opposé. Dans l'une, il est question de « bon » et dans l'autre de « mal ». Si nous poursuivons notre examen, il serait juste de dire que si nous choisissons la joie, nous serons assurés de vivre une bonne heure (bonheur). Tandis que si notre ressenti glisse davantage vers la tristesse et le chagrin, nous serons mal ou nous vivrons une heure mal (malheur).

Soyez conscient et remarquez les bienfaits prodigieux que vous en retirerez.

La joie de vivre n'est pas un but,
mais un devoir.

– LOUIS PAUWELS,
journaliste et écrivain, 1920-1997

VOUS SEREZ ALLÉGÉ, REPOSÉ ET DÉTENDU

Histoire vécue

Lorsque j'étais propriétaire d'une table champêtre en Mauricie, *La Mélèzière* (reprise maintenant par mon fils David-Alexandre), chaque seconde était comptée. Préparer un repas à la hauteur de mon accréditation Agricotours était primordial pour moi et, de plus, je voulais que mes repas champêtres soient reconnus comme les meilleurs et les plus courus de toute la région. Tout en gérant mon entreprise, je devais aussi voir à mes trois jeunes enfants, en plus de quelques animaux de ferme. Tous demandaient des soins journaliers, de l'attention et beaucoup d'amour.

Nos installations permettaient à nos clients de pratiquer certaines activités, telles que le cricket, le volley-ball, le tennis, le patin à roues alignées. Il y avait aussi la piscine à entretenir, les truites ensemencées à nourrir dans l'étang de pêche, arroser les fleurs, couper la pelouse, voir à l'entretien général, déneiger en hiver, etc. Les journées passaient vite, occupée à planifier, à cuisiner, à prendre soin des enfants et les aider dans leurs devoirs, mon mari demeurant à Montréal en semaine pour son travail. Même sans son aide, j'avais pourtant la certitude que je n'étais pas seule à tout accomplir. Je savais pertinemment que la vie s'occupait de moi, et surtout qu'elle prenait en charge une bonne partie de mes tâches.

Un jour, en fin d'après-midi, alors que j'allais chercher mes enfants à l'école en voiture, j'ai été brusquement coupée par un camion de livraison d'une boulangerie. J'ai quand même eu le temps de freiner et d'éviter la collision, sans choc ni blessure. J'ai alors eu la certitude que la vie me transmettait ainsi un message ou une information. Mais quoi exactement? Puis, j'ai compris que je ne devais pas poursuivre ma route dans la direction initiale, car ce camion me bloquant la route en était la preuve. *Mais pourquoi?* me suis-je demandé. *Pour aller où?* La réponse ne tarda pas à venir. L'image de ce camion qui faisait la livraison du pain me rappela que j'avais complètement oublié d'aller récupérer ma commande de petits pains individuels chez le boulanger de la ville voisine, tout à fait à l'opposé de ma route. J'attendais ce soir-là un groupe d'une trentaine de personnes ayant réservé un repas champêtre pour souligner la retraite d'un de leurs collègues. Quel appui et quel soutien de la part de la vie! La vie est notre meilleure amie, en plus d'être un partenaire inestimable.

■ ■ ■

Être zen fera que votre vie sera toujours de plus en plus merveilleuse. Ne perdez jamais de vue que la vie est comme un ami toujours prêt à vous rendre service. De plus, ce lien sera d'autant plus fort si vous en prenez conscience.

Vous ne manquerez pas de réaliser ce que veut dire vraiment *vivre*, et vous sentirez que vous vous dirigez tout droit vers l'état zen. Vous aurez sans aucun doute beaucoup plus de temps pour regarder ce qui se passe autour de vous. Tout deviendra source de plaisir puisque vous ne courez plus. Chaque minute sans vous presser ou vous stresser deviendra une minute de détente, de joie, et sera très propice à de nouvelles découvertes et informations.

Imaginez toutes les démarches, projets, actions ou choses à faire que vous remettez sans cesse. Au lieu de ne les exécuter qu'une seule fois, vous les faites et refaites encore: d'abord plusieurs fois dans votre tête, puis au moment où vous passez enfin à l'action. Bien sûr, les gens de votre entourage en profiteront, car vous serez plus détendu. Ils auront davantage confiance en vous et sauront qu'ils peuvent compter sur vous. Tous seront gagnants, et vous atteindrez plus rapidement vos objectifs, puisque vous aurez passé à l'action.

Vis comme s'il n'y avait pas de lendemain.

– AUTEUR INCONNU

VOUS SEREZ ÉCLAIRÉ DANS VOS CHOIX ET VOS DÉCISIONS

Histoire vécue

Grâce à mes deux entreprises, j'ai vu rapidement mon réseau de contacts s'accroître. Un jour, une dame que j'avais brièvement croisée lors d'un 5 à 7 me téléphona pour me proposer une rencontre afin que nous fassions plus ample connaissance, et peut-être aussi pour voir à la promotion de ses services.

Cette rencontre s'avéra très enrichissante à tous points de vue, intéressante et pertinente.

Par la suite, nous avons collaboré ensemble à quelques projets. Puis un jour, elle m'a offert de participer à un atelier de trois journées dont le but était que chacun des participants puisse découvrir sa véritable mission. Cet atelier se donnait dans un ancien couvent situé sur le bord du fleuve, et nous allions y séjourner deux nuits. On avait attribué à chacun une petite chambre, laquelle avait dû être autrefois une cellule pour les religieuses. À la pensée de ces deux jours sans avoir à préparer les repas, de suivre un atelier qui, d'après moi, me confirmerait sur la mission que je m'étais déjà donnée, soit celle de répondre à tout par le biais de mon entreprise *Réponse-à-tout,* et aussi celle d'aider des entreprises à augmenter leurs ventes grâce à mon autre entreprise *Solli-Tel*, j'étais enchantée.

J'ai donc suivi les ateliers avec beaucoup d'entrain et de bonne volonté. La dernière journée, en fin d'après-midi, après avoir bien répondu aux différentes questions, bien fait les exercices proposés pendant le week-end et grâce à l'extrême compétence de cette dame, j'ai appris et compris quelle était ma véritable mission sur terre. Elle était bien loin de répondre à tout et d'augmenter les ventes de mes clients. En fait, ma véritable mission était d'aider les célibataires, hommes ou femmes, à la recherche de l'amour à attirer à eux la bonne personne. Je n'en revenais pas ! Il était vrai que déjà, depuis plusieurs années, j'aidais des amis, ou les amis des amis, ou des connaissances en ce sens en leur expliquant les lois de la création, de l'attraction et de la manifestation. Mais jamais je n'aurais eu l'idée de considérer cette aide comme ma mission et encore moins d'être rémunérée pour un tel service.

La dame exigea que je transcrive sur papier avant la fin de la journée tous les éléments de mon enseignement oral. Dès mon retour à mon bureau, je m'exécutai, puis les lui envoyai. Elle approuva le tout sur-le-champ, surprise de voir combien tout se tenait et avait du sens. J'étais cependant curieuse de savoir comment faire la promotion d'un tel service. Sans hésitation, elle me répondit que, dès que nous saisissons et acceptons notre raison d'être sur terre, la vie se charge de trouver les clients et de nous conduire au bon endroit pour que les portes s'ouvrent facilement. Je savais qu'elle avait raison.

Dès le lendemain, la recherchiste de l'émission quotidienne de France Castel, *Droit au cœur,* m'invita dans le cadre d'une émission d'une heure sur les métiers bizarres et peu communs. Pendant la séance de maquillage et de coiffure, j'ai discuté davantage avec madame Castel pour en arriver à lui parler de cette troisième corde à mon arc. Évidemment, pendant l'émission, elle en fit mention. Depuis ce temps, j'ai régulièrement des nouvelles clientes ou de nouveaux clients qui font appel à mes services. De plus, cette mission, découverte grâce à cette dame, m'a amenée à écrire cette trilogie des *365 jours par année*.

« Mens sana in corpore sano »: un esprit sain dans un corps sain, de Juvénal, poète du 1er siècle de notre ère. Bien sûr, un esprit zen peut tout; un être zen, conscient et attentif, pourra définitivement prendre de meilleures décisions; mais

plus encore, il sera éclairé, dirigé et souvent étonné de la direction que prendra sa vie. Les doutes diminueront pour ensuite complètement disparaître.

Donnez-vous la chance de vivre profondément, plutôt que simplement par habitude. Ce faisant, vous permettrez en même temps à la vie d'entrer sous toutes ses formes, de jouer son rôle et de vous faire de belles surprises tout en vous étonnant.

De plus, vous verrez rapidement Dame Joie s'infiltrer en vous, rejetant sans ambages Dame Tristesse.

En te levant le matin, rappelle-toi combien
précieux est le privilège de vivre,
de respirer, d'être heureux.

– MARC-AURÈLE,
empereur romain

VOUS SEREZ PUISSANT ET CALME À LA FOIS

Histoire vécue

En tant que secrétaire de direction, j'étais responsable de la gestion du classement de mon service et j'en étais très fière, jusqu'au jour où un document n'a pas répondu à l'appel. Nous n'avions alors ni traitement de texte ni ordinateur dans lequel nous aurions peut-être pu à la rigueur le récupérer. J'ai eu beau le chercher partout, sans succès. Ma petite voix me répétait pourtant sans cesse qu'il était à sa place, mais la réalité semblait tout autre puisque je ne le trouvais pas.

Finalement, m'étant toujours fiée à mon intuition intérieure, et ce, depuis fort longtemps, et sans jamais en douter, je me suis dit que si ce document était bel et bien à sa place comme ma petite voix me le disait, alors il devait y être, mais je ne cherchais pas de la bonne façon. Il faut dire par contre que je n'avais pas été la seule à l'avoir cherché au cours de ces dernières semaines.

Ce matin-là, je me suis dit que j'allais le retrouver coûte que coûte. En effet, il était bien là, tout près du dossier dans lequel il aurait dû se trouver, mais coincé et froissé, le rendant beaucoup plus petit et difficile à récupérer, attaché de surcroît par un trombone à un autre dossier. J'avoue que sans ma certitude de le retrouver là, il était quasi impossible de mettre la main dessus tellement il n'avait plus la forme d'un document mais plutôt celle d'un accordéon caché entre deux dossiers. Merci à ma petite voix.

■ ■ ■

Toutes les fois où nous prenons le temps de nous arrêter pour observer, écouter et contempler, nous voyons la vie et ses mécanismes d'une autre façon.

Comme je l'ai déjà expliqué dans le chapitre « Mes dix actions préférées » à la 4e action, faire l'exercice de contempler un objet, que ce soit une fleur, un oiseau ou toute autre chose, en le fixant est très puissant. De plus, vous obtiendrez tous les bénéfices reliés à une méditation, car la contemplation est une très belle forme de méditation simple, reposante et très profitable.

J'aimerais cependant vous souligner que pour obtenir tous les avantages reliés à la contemplation, il existe une deuxième étape, celle de contempler un résultat final désiré. Cet exercice est définitivement très puissant pour réaliser vos désirs et vos buts tout en accélérant le processus de leur réalisation matérielle. De plus, ils seront d'autant plus rapidement manifestés si vous décidez d'être heureux et épanoui tout de suite, avant même que l'objet de votre désir se soit manifesté. Par conséquent, vous ne manquerez pas de devenir calme et serein.

L'espoir est un fluide nécessaire à l'homme
comme l'eau à la terre, il déclenche des forces
insoupçonnées de la nature humaine.

– LAURÉANNE HARVEY,
écrivaine canadienne

VOUS SEREZ DANS LE *ICI ET MAINTENANT*

Histoire vécue

Ma fille Marjorie, alors âgée de 16 ans, était partie trente-six heures auparavant, prenant deux vols consécutifs pour se rendre chez une de mes amies à Brisbane, en Australie.

Quelques mois auparavant, elle avait fait l'acquisition d'un téléphone cellulaire très différent des autres, comme je n'en avais jamais vu. Même par la suite, je n'ai vu personne en posséder un similaire. Il était mignon, car il avait l'air d'un joli petit coffret de rangement bleu, légèrement transparent. Celui-ci, en s'ouvrant, arborait d'un côté un clavier de lettres et de chiffres, et de l'autre, différents boutons dont je ne connaissais pas l'usage. Rien n'indiquait qu'il s'agissait d'un téléphone, car pour s'en servir, il fallait parler dans le sens opposé aux autres appareils. D'ailleurs, il va sans dire que je n'ai jamais réussi à l'utiliser correctement. Elle avait préféré l'apporter en Australie, même si elle savait que nos téléphones au Québec ne fonctionnaient pas outre-mer sans une technologie spéciale. (Notez que cette histoire remonte à dix ans environ.)

Puis, un soir, j'ai eu la forte intuition de la contacter sur son cellulaire, car ma petite voix m'exhortait *sans répit* à le faire. Bien qu'une amie m'attendait dans le vestibule pour une soirée au théâtre, je me suis exécutée en espérant ne pas trop la faire attendre, compte tenu que cet appel n'allait pas me prendre beaucoup de temps, puisque ma fille ne serait pas en mesure de répondre à mon appel.

Eh bien, ce fut le contraire. Dès la première sonnerie, elle répondit. Elle était à l'aéroport de Brisbane et attendait depuis déjà plusieurs heures l'arrivée de mon amie australienne qui devait l'accueillir à l'aéroport pour ensuite la loger quelque temps chez elle. (L'année précédente, ses filles étaient venues au Québec.) Je lui ai dit d'attendre jusqu'à ce que je rejoigne mon amie sur son cellulaire. Quelle chance! celle-ci m'a répondu aussitôt. Elle attendait ma fille seulement deux jours plus tard; elle me rassura en me précisant qu'elle se rendait tout de suite à l'aéroport non loin d'où elle était, et que très rapidement ma fille serait entre bonnes mains. J'en ai profité pour lui donner le numéro de téléphone cellulaire de ma fille, au cas où... J'ai rappelé celle-ci pour l'informer, et tout se termina pour le mieux. Notez qu'il n'a plus jamais été possible ensuite de rejoindre ma fille sur son cellulaire, et celle-ci n'a pas été en mesure, non plus, de l'utiliser pour le reste de son séjour australien. Il n'a été fonctionnel que pour les deux seules fois où nous en avons eu vraiment besoin.

■ ■ ■

Parfois, il ne faut surtout pas chercher à comprendre, car la vie a trop de tours dans son sac. De plus, il faut éviter à tout prix de nous poser des questions, surtout du genre pour lesquelles nous pourrions obtenir au moins une dizaine de réponses toutes différentes les unes des autres, telles que:

- *Vais-je réussir?*
- *Que pensera-t-on de ma conférence?*

- *Devrais-je lui dire cela?*
- *M'aime-t-il encore?*
- *Ma femme me trompe-t-elle?*
- *M'aime-t-elle encore?*
- *Pourquoi mon amoureux ne m'appelle-t-il pas?*
- *Gérard est en retard, a-t-il eu un accident?*
- *Je suis sans nouvelles de ma fille en vacances, lui est-il arrivé quelque chose?*
- *Est-ce que je ferai bonne impression?*

Toutes ces questions démontrent que nous sommes loin de vivre notre moment présent. En plus d'être inutiles, elles diminuent notre énergie et notre pouvoir intérieur.

Lorsque nous cessons de nous poser ces questions, tout en prenant conscience des moments où nous le faisons, nous déclenchons un mécanisme précis, permettant d'échapper à l'éparpillement, aux difficultés et aux souffrances. Nous sommes alors plus efficaces à créer toutes les conditions nécessaires pour la réalisation de nos rêves et désirs. En somme, nous vivons en harmonie avec nous-mêmes et la vie. Par conséquent, nous faisons confiance à la vie.

Il est donc important de freiner ce déploiement de questions et de les effacer au fur et à mesure, de la même manière que nous le ferions avec une gomme à effacer, afin de nous assurer d'être toujours dans le *ici et maintenant,* et ainsi de nous éviter nombre d'ennuis et de problèmes.

Ne demeure pas dans le passé, ne rêve pas du futur, concentre ton esprit sur le moment présent.

– Bouddha

Vous serez enrichi

Histoire vécue

La rentrée scolaire approchait à grands pas, et je ne voyais ni le jour ni le moment où j'aurais le temps de m'occuper de faire les achats de tout le matériel nécessaire pour la nouvelle année qui commençait.

Par contre, comme d'habitude, je savais que la vie m'aiderait, sans trop savoir comment elle s'y prendrait, et de cela, je ne m'en préoccupais point. Puis, par un samedi matin ensoleillé, ma sœur et son conjoint vinrent nous rendre visite. Ils aimaient beaucoup les longues balades en voiture et ce jour-là ils avaient choisi notre maison comme destination.

J'ai toujours aimé les visites surprises et les repas préparés à l'improviste, d'autant plus que mes frigos étaient toujours bien remplis de victuailles de toutes sortes, en tant que propriétaire et cuisinière d'une table champêtre.

Par contre, ce jour-là, j'avais à mon agenda déjà bien rempli, un rendez-vous à 13 heures avec un jeune couple qui était à la recherche d'un site pour leur mariage. Réalisant que j'avais beaucoup à faire, ma sœur a vite eu l'idée de me soulager de quelques tâches et a décidé de s'occuper des articles scolaires. Elle s'est enquise de la liste et est partie avec mes trois enfants et, bien sûr, avec la somme nécessaire aux achats. Grâce à elle, j'ai pu me reposer quelque temps avant l'arrivée de ces futurs époux, en plus d'être libérée de cette tâche urgente. Et mes enfants sont revenus, quant à eux, enchantés de leur après-midi avec leur tante, et contents d'avoir enfin tout le nécessaire pour la rentrée scolaire.

■ ■ ■

Vous habituer à attendre toujours le meilleur de la vie vous enrichira de nombreuses façons. Très souvent, sans même vous en apercevoir, vous vous limitez. Par conséquent, vous vous refusez de grands bonheurs, de beaux moments et beaucoup de soutien. Soyez assuré que vous ne manquerez jamais de ressources, à tous points de vue, dès que vous aurez pris cette décision d'espérer de grandes choses.

Je vous le redis encore. Ne souhaitez que le meilleur pour vous. Ainsi vous obtiendrez le grand avantage de voir la vie vous combler. Il s'agit d'une loi naturelle. La vie est juste. Mais si, mallheureusement, vous pensez le contraire, ce sera vrai également: voyez-la injuste et elle ne tardera pas à répondre en conséquence.

Soyez donc vigilant face à vos attentes, car la vie vous prendra toujours au mot.

Le meilleur est toujours dans une seule minute.

– MAXIME GORKI,
écrivain russe

VOUS SEREZ ÉNERGISÉ

Histoire vécue

Je travaillais alors dans un restaurant, et je m'y présentais toujours quelques heures avant le propriétaire pour faire la coupe des légumes. Ce jour-là, j'étais sans entrain, ce qui m'arrivait rarement, et j'en étais moi-même surprise, d'autant plus qu'il faisait un temps magnifique. Je savais malgré tout que je passerais une belle journée, et j'en étais déjà heureuse. Quelques minutes plus tard, le téléphone sonna et j'entendis mon patron m'aviser de prendre congé, car des événements imprévus l'obligeaient à fermer pour la journée, et peut-être même pour le lendemain. Quel bonheur! J'étais comblée. Je partis sur-le-champ voir un ami sur sa plantation située dans un endroit de rêve, tout en haut d'une montagne. Quand j'arrivai là-bas, il m'annonça qu'il avait une course à faire dans une petite ville voisine que je connaissais peu. Il me proposa de l'accompagner et de me déposer au quai municipal sur le bord d'une jolie rivière. Je pourrais lire ou tout simplement admirer le paysage pendant qu'il s'occuperait de ses affaires. J'étais une fois de plus au paradis. Je remerciai la vie pour ce jour de congé ensoleillé et imprévu, dans un coin de pays enchanteur.

■ ■ ■

Être zen, en plus d'apporter beaucoup de simplicité dans votre vie, vous permettra d'accomplir beaucoup plus et sans fatigue.

Comment ne pas être énergisé quand plus rien nous dérange, quand nous acceptons ce qui se présente à nous, avec équanimité. Être zen génère de grandes forces; la souffrance est alors perçue différemment.

Ne plus vivre dans le passé ni dans le futur est un grand pas vers le repos dans votre vie. Bref, quand vous êtes zen, la fatigue s'envole. Comment pourrait-il en être autrement? Un autre bienfait sera de ressentir ce grand pouvoir qui vous accompagnera jour après jour, faisant de vous un être confiant et surtout attentif.

Quand on ne trouve pas son repos en soi-même,
il est inutile de le chercher ailleurs.

– FRANÇOIS DE LA ROCHEFOUCAULD
homme politique français, 1613-1680

VOUS SEREZ TOUJOURS AU BON ENDROIT AU BON MOMENT ET BIEN GUIDÉ

Histoire vécue

Un soir vers 21 heures, il faisait noir, les enfants dormaient et nos deux chiens golden retrievers, dans leur enclos où était leur niche, jappaient à tout rompre. Ces chiens étaient de très bons compagnons de jeu, mais pas du tout des gardiens. Ils aimaient les visiteurs, ne jappaient jamais à leur arrivée et nous ne pouvions pas compter sur eux pour nous avertir d'une quelconque anomalie. Voilà pourquoi je ne comprenais pas ce vacarme ni la raison de leurs aboiements.

Je suis sortie voir ce qui n'allait pas. Souffraient-ils d'une blessure, de quoi avaient-ils peur? J'avais hâte de savoir. Comme je ne suis pas craintive de nature, je me suis dirigée vers eux. Et tout près, je vis mon voisin d'en face, un grand monsieur de 1 m 80, large et costaud, divorcé et vivant seul. J'ai pensé qu'il venait voir lui aussi la raison d'un tel boucan. Ce n'était pas le cas. Aussitôt qu'il a pu, il m'a prise dans ses bras, m'a serrée fort et a voulu m'embrasser. Il avait réussi à me faire sortir de la maison, après avoir lancé des cailloux aux chiens pour qu'ils jappent.

Je m'en souviens comme si c'était hier. J'ai pris l'unique décision à privilégier dans une telle situation, et dans toutes les situations, soit celle d'être équanimité et de rester d'humeur égale, sans répondre et sans me débattre. Je cherchais cependant dans ma tête un quelconque procédé ou une idée pour me sortir de ses griffes. Sans trop comprendre pourquoi, la paume d'une de mes mains était attirée vers son dos. Elle faisait un mouvement de va-et-vient, comme pour le frotter. C'était instinctif. J'avais l'impression que cette tactique le déséquilibrerait afin qu'il ne soit plus en mesure de m'étreindre et de m'emprisonner. Après un certain temps, car dans ce genre de situation, il est difficile d'évaluer avec précision les secondes ou les minutes écoulées, il est reparti chez lui sans s'excuser et sans dire un mot. Les chiens ont aussitôt cessé leur vacarme. Quant à moi, je suis vite rentrée à la maison et j'ai téléphoné à mon mari qui était à Montréal. Malgré l'heure tardive, le temps de faire la distance entre Montréal et Trois-Rivières, il est venu me rejoindre à la maison.

■ ■ ■

Être équanimité, qui est, comme nous le savons déjà, de choisir d'être d'humeur égale, réveille notre pouvoir intérieur. Ensuite, celui-ci ne manquera pas de bien nous guider, de nous ouvrir des portes, de nous amener au bon endroit au bon moment, de faire jaillir en nous des idées, et de nous rappeler ce dont nous avons besoin.

N'ayez surtout pas peur d'être équanimité. En aucun cas, cela ne signifie d'être ennuyeux ou sans caractère. Au contraire, il faut un sacré caractère pour rester d'humeur égale quoi qu'il arrive. Bien sûr, quand je parle d'humeur égale, je ne veux pas dire d'humeur désagréable. Il vous faut toujours être d'humeur égale, mais toujours agréable et positive. Être équanimité signifie être d'humeur joyeuse et gaie.

En retour, vous ne manquerez pas d'être toujours adéquatement dirigé au bon endroit au bon moment, vous évitant ainsi des désagréments et parfois de très mauvaises surprises.

Si j'avais, par aventure, à écrire un traité
de morale, je mettrais la bonne humeur
au premier rang des devoirs.

– ÉMILE-AUGUSTE CHARTIER, DIT ALAIN,
professeur, essayiste et philosophe français, 1868-1951
célèbre pour ses Propos

VOUS SEREZ CALME ET APAISÉ

Histoire vécue

Mon mari, Raymond, et moi sommes différents sur plusieurs points. Un seul point cependant m'énerve plus que tous les autres réunis.

En aucun cas, je ne peux, selon lui, lors de nos déplacements outre-mer ou aux États-Unis, faire des achats et rapporter quoi que ce soit à l'exception de bouteilles de vin… Et la raison évoquée est que maintenant au Québec il ne nous manque rien. On peut tout trouver: foie gras, nougat, savon de Marseille, caramels salés, bonbons de toutes sortes, sel de Guérande, etc., et il n'a pas tout à fait tort. En plus, nous évitons ainsi beaucoup d'ennuis aux douanes. Il n'en reste pas moins que j'adore rapporter de nos séjours toutes sortes de bons produits locaux trouvés au fil de nos périples à travers villes et régions. Je trouve cette habitude nettement plus agréable que faire mes emplettes ici au Québec.

Il y a environ deux ans, nous revenions d'un voyage en Provence d'une durée de cinq semaines, et le douanier, à l'aéroport de Montréal, nous a dirigés au comptoir de la vérification des bagages. Comme mon mari m'avait fait promettre de ne rien rapporter de notre séjour, il n'était pas du tout inquiet. Il était très à l'aise et sûr de lui. Toutes ses valises sans exception, même la partie contenant le linge sale, ont été scrutées à la loupe. L'exercice fut très long, pénible et peu agréable. Je n'avais qu'une hâte, celle de partir. Mais il me fallait attendre mon tour et je dois avouer que j'étais, quant à moi, très inquiète, car je n'avais pas tenu ma promesse, et mes valises étaient archi-pleines de toutes sortes de produits locaux et régionaux : vin, fromage, apéritif, noix, nougat, chocolat, confit, saucisson, sacs à main, souliers, etc. À l'époque, nous avions droit à deux grosses valises chacun, et j'étais passée maître dans l'art de bien les remplir.

Afin d'être cohérente avec moi-même et avec ma façon de voir la vie, comme à l'habitude, je me suis fait un devoir et un point d'honneur de garder le sourire, les antennes vers le haut, et la tête bien haute pendant toute cette fouille. Je savais par expérience que cette façon de faire me serait utile et me faciliterait la vie. De plus, pendant l'exercice, je me suis rappelé le merveilleux voyage qui s'achevait et les délicieux moments vécus dans ce beau pays qu'est la France. Ce faisant, j'étais assurée que mon pays natal m'accueillerait tout aussi bien que je l'avais été en France. Je n'avais donc aucune raison de m'inquiéter. Le douanier termina enfin… Il nous remercia sans même prendre le temps de regarder le contenu de mes valises. Quelle joie et surtout quel cadeau je venais de recevoir. Je n'ai pas manqué de remercier la vie.

■ ■ ■

Bien sûr, sourire et rire sera toujours une clé vers le bonheur et une carte gagnante. Ces gestes apaisent notre entourage, notre famille, notre cœur, notre âme et notre corps, et par conséquent nous-mêmes. N'est-il pas extraordinaire de vivre en paix, de vivre dans le calme.

Prenez l'habitude de garder le sourire, et ainsi vous vous éviterez des pensées désagréables qui sont d'ailleurs plus destructives que créatrices.

Lorsqu'on sourit à la vie,
elle vous rend ses sourires.

– JEAN-CLAUDE BRIALY,
acteur, artiste, cinéaste et scénariste, 1933-2007

VOUS SEREZ PLUS RÉCEPTIF ET OUVERT SUR LE MONDE

Histoire vécue

J'ai porté longtemps des verres de contact, et il m'arrivait souvent d'en perdre un en les retirant, en faisant du sport ou en les nettoyant.

Un soir, mon amie, son copain et moi roulions en direction d'un camping. Comme il se faisait tard, nous avons décidé d'arrêter en chemin afin de dégourdir un peu corps et esprit.

Avant de reprendre la route, j'ai eu l'idée de retirer mes verres de contact. Comme la journée avait débuté tôt et que mes yeux étaient passablement irrités d'avoir été tant sollicités, dès que je fis le geste d'en retirer un, il tomba de lui-même pour atterrir je ne sais où et sans que j'aie pu voir venir la catastrophe.

La nuit était tombée et la lumière était très faible. Je me souviens d'avoir demandé aussitôt à mes amis de ne plus bouger, aucun geste aucun mouvement si petit soit-il, de ne plus prononcer une seule parole et encore moins de démarrer la voiture. Puis, j'ai fermé les yeux et je me suis concentrée quelques instants sur ma demande, laquelle était de retrouver ce minuscule objet presque invisible et, les yeux toujours fermés, je fus guidée vers celui-ci exactement là où il se trouvait. Mes amis ont été très surpris de ma méthode, alors que j'ai remercié le ciel et la vie d'avoir répondu à ma demande. Je reste toujours étonnée, et je crois que je le serai toujours, devant le soutien indéfectible de la vie.

■ ■ ■

Être zen vous conduira sans aucun doute à être réceptif à toutes les indications de la vie, à toutes ses informations, sans que vous ayez à forcer les choses. C'est un avantage énorme, et il vaut son pesant d'or.

Toutes vos pensées, vos actions, vos gestes et vos paroles ont une répercussion directe sur vous-même, bien sûr, mais aussi sur le monde entier. Vous deviendrez alors plus lucide devant vos pensées prédominantes, vos jugements et vos soucis ; par conséquent, vos réactions seront différentes, plus responsables, mieux comprises de vous-même.

Et l'ultime conséquence sera votre plus grande ouverture au monde. Par la suite, il va sans dire que celle-ci se répercutera sur vos êtres aimés, vos proches, vos collègues, le reste du monde et la planète entière, un peu comme la première pièce d'un jeu de domino qui fait basculer toutes les suivantes. Dès que vous aurez pris conscience, accepté et compris qu'une attitude centrée sur soi est néfaste pour tous et que vous assumerez votre entière responsabilité, vous serez définitivement plus près des gens.

Vous saisirez la grande importance de témoigner de la gentillesse et de la bonté envers les autres. Toutes les bonnes et mauvaises actions envers les personnes se répercutent à un moment ou un autre sur nous. N'hésitez donc plus à faire les bons choix en cessant tout comportement irrespectueux, sans bonté ou gentillesse envers l'autre. Ainsi, vous vous assurerez de recevoir en retour plein de bonté, de respect et de gentillesse, tel un boomerang.

Vous serez moins étonné devant toutes les horreurs ayant cours sur la planète, car vous aurez compris que dans votre propre vie familiale, professionnelle et sociale, vous aurez vous aussi créé certaines situations désagréables et malsaines, à une échelle moindre bien sûr, mais quand même bien réelles. Et vous comprendrez tout probablement que, pour faire votre part afin d'améliorer le monde, il suffit simplement de vérifier chacune de vos pensées, et ainsi vos comportements seront à l'image de celles-ci.

Toute la violence bien présente dans notre monde n'est que le reflet de la violence enfouie dans les pensées quotidiennes de chaque être humain. Évitons la violence dans nos pensées et regardons ce qui arrivera.

Chacun est seul responsable de tous.

– ANTOINE DE SAINT-EXUPÉRY

RÉSUMÉ DES AVANTAGES

Histoire vécue

Un des plus gros avantages de ma vie au cours des trente dernières années a été de constater que j'étais toujours au bon endroit au bon moment. Voici un exemple spectaculaire.

Je marchais en direction de ma banque, zigzaguant à travers les travaux d'aménagements d'une nouvelle piste cyclable. Deux énormes camions dont les roues étaient à peu près de ma grandeur bloquaient l'entrée de la banque. J'allais emboîter le pas entre les deux camions lorsque j'entendis une voix me crier très fort de reculer. Je ne pus faire autrement que d'obéir à l'ordre reçu et, aussitôt fait, les deux camions se mirent à avancer. Les camionneurs ne pouvaient me voir, car leur cabine était trop haute. J'ai donc vu de très près, mais vraiment de très près, l'énorme roue me frôler le nez. Un pas de plus et j'étais renversée. J'ai cherché à trouver qui m'avait crié cet ordre, mais je n'ai vu personne.

■ ■ ■

Force est de constater que les bienfaits et les avantages à vivre zen sont nombreux. Cet état permet de connaître le paradis sur terre, d'y apporter notre contribution, de partager nos connaissances et en même temps d'être utile aux autres.

Prioriser ces actions fera de vous un être bon et plein de gentillesse. Chaque jour en célébrant sans procrastiner, en respirant bien tout en observant ce qui se passe autour de vous sans vous poser de questions inutiles, et en attendant toujours le meilleur de la vie en lui faisant confiance, vous serez systématiquement beaucoup plus proche des autres, de nature plus aimable et altruiste, sachant votre entière responsabilité face à vous-même et aux autres.

Une fois ces dix actions privilégiées régulièrement, ce qui veut dire à tous les jours, tout s'intégrera comme par enchantement. Et cet état deviendra non pas une seconde nature, mais plutôt votre vraie nature.

C'est d'ailleurs mon vœu le plus cher que je souhaite du plus profond de mon cœur, pour obtenir de belles réussites et des résultats fabuleux. Que ces actions puissent créer dans votre vie magie et émerveillement.

En fait, de votre nouvelle vision de la vie découlera un incroyable bien-être et une sensation zen. Ce sera alors beaucoup plus motivant et encourageant de poursuivre cette façon d'être.

Agissez de manière à toujours aspirer au ravissement, à la beauté et à la bonté afin que rien de déplaisant ne vous soit envoyé en retour.

Un très grand nombre d'avantages pourraient être mentionnés et développés dans ce chapitre, tellement être zen apporte bonheur et équilibre. Je vous laisse l'opportunité et le loisir d'en trouver d'autres, et même de nombreux autres.

Nous sommes ce que nous pensons.
Tout ce que nous sommes résulte de nos pensées.
Avec nos pensées, nous bâtissons notre monde.

– BOUDDHA

Conclusion

Histoires vécues

Peut-être avez-vous remarqué que cette fois *histoires vécues* est au pluriel. Pourquoi? Tout simplement parce que je vous cède maintenant la parole afin que vous écriviez à votre tour vos histoires qui ont été imprégnées de magie, ou transcendées par la beauté et l'aide de la vie. Notez aussi chaque fois où celle-ci vous a témoigné sa présence ou a répondu à votre demande. Pensez également à tous les moments invraisemblables au cours desquels vous avez ressenti la beauté extraordinaire, miraculeuse et grandiose de la vie. Notez-les.

Et si vous le souhaitez, n'hésitez pas à m'en faire part par courriel à *turmelh@videotron.ca.* Je serai ravie de les lire, car je suis certaine que vous avez également vécu plein de moments ou d'épisodes où la vie fut réellement à votre service, vous démontrant et vous témoignant son soutien et ses conseils. De plus, faire l'exercice de mettre sur papier de tels événements est un excellent moyen d'en attirer d'autres et d'inciter la vie à toujours vous seconder, à multiplier ses interventions d'aide et de magie pour embellir votre vie.

■ ■ ■

Pour conclure, que puis-je ajouter d'autre à ce qui a déjà été écrit? Peut-être serait-il opportun ici de mentionner l'importance pour tous de vivre cet état zen. Rappelons qu'être zen signifie savoir tout accepter et tout absorber avec équanimité. Nous sommes donc loin de l'idée de devoir tout endurer et encore plus loin de devoir tout subir. Par conséquent, gardez toujours en tête qu'*être zen, c'est être capable de tout accepter, de tout absorber* non pas dans la résignation, mais plutôt en sachant que c'est la seule attitude à privilégier.

Il est bien vrai que nous devons penser
au bonheur d'autrui; mais on ne dit pas assez
que ce que nous pouvons faire de mieux pour ceux
qui nous aiment, c'est encore d'être heureux.

– ÉMILE CHARTIER, DIT ALAIN

Il serait également primordial et impérieux de nous imprégner de cette notion *que la vie est beaucoup PLUS que ce que nous pensons qu'elle est.* Si nous pensons que la vie est douce, agréable et facile, elle le sera. Si nous pensons que la vie peut nous aider à bâtir un empire, elle nous aidera. Si nous pensons que la vie est protectrice et source de tous les biens, il en sera ainsi. Si nous sommes certains que la vie est un mélange de tout, autant de beauté, de santé et d'harmonie que de difficultés, de maladies, de soucis et de ressentiment, elle répondra en conséquence. Si nous sommes assurés que la vie nous placera toujours au bon endroit au bon moment pour nous amener à notre plus haute expression, il en sera ainsi fait. *Voyez-vous la grande portée de savoir décider ce qu'est la vie pour vous?*

Utilisez votre imagination pour vous inventer, chaque soir avant de vous endormir, de beaux projets. Bâtissez-vous des châteaux, imaginez-vous propriétaire de grands domaines. Tout est possible. Amusez-vous, poussez votre imagination. Devenez dans vos rêves un grand personnage digne, noble, plein de bonté vers qui les autres aiment se confier. Faites de beaux rêves, grands et petits. Sentez un immense bonheur en les visionnant, comme si vous étiez à regarder un très bon film. Et votre imagination portera ses fruits sans nul doute: elle vous créera une vie telle que vous l'imaginez. Portez donc une attention particulière à vos pensées le soir avant de vous endormir. Et vérifiez souvent sur quoi travaille votre imagination. Veillez à ce que tout soit source de beauté, d'abondance, d'amour et de grandeur. Si ce n'est pas le cas, redirigez votre imagination afin qu'elle vous façonne une vie épanouissante, heureuse et vous amène au-delà de vos rêves les plus fous.

N'avez-vous pas connu autour de vous des gens ordinaires qui se sont créé des vies extraordinaires? Comment ont-ils réussi? Tout simplement en y croyant et surtout en utilisant leur imagination. N'hésitez plus, créez-vous une vie agréable à l'année longue.

Vivre est très simple. Il suffit d'être présent et attentif à chaque instant, tout en ayant la certitude et la croyance que, de son côté, la vie s'occupe de tout le reste, et beaucoup mieux que nous ne pourrions jamais le faire nous-mêmes.

Vivre est également un jeu, alors amusez-vous. Un jeu sans compétition, peu banal, jamais ennuyeux, sans limites et très précis, car ses règles ne sont pas laissées au hasard. N'est-ce pas stupéfiant de savoir que la *vraie* vie est illimitée? Pourquoi alors notre vie est-elle si restreinte? Tout simplement parce que nos pensées et nos rêves le sont, et parce que nous sommes aussi assurés qu'il ne peut en être autrement. Le soir en nous couchant, ayons la certitude que demain sera une journée spéciale, hors de l'ordinaire, et nous ne manquerons pas de constater dès le lendemain les résultats de cette certitude. Il n'est pas nécessaire d'y *croire*, mais seulement de *savoir* que tout est possible. À partir du moment où vous vous amuserez à mettre à l'épreuve la vie, cette grande dame et cette grande amie, vous verrez des suites fabuleuses survenir dans votre vie.

Vivre, c'est être; vivre, c'est être attentif au moment présent. Vivre et laisser vivre signifie être et laisser être.

Tout comme je le mentionnais dans mon deuxième livre, voyons l'évidence de ne plus perdre de temps. N'attendons plus! Mettons-nous à l'œuvre et décidons d'être zen le plus tôt et le plus rapidement possible (c'est si peu compliqué comme objectif), afin de vivre vraiment – et non survivre ou subsister – ou plutôt de vraiment « être ». Ainsi, nous découvrirons de nouvelles cordes à notre arc jusque-là inconnues, ignorées ou insoupçonnées.

Il n'y a pas d'âge pour être zen et il n'est jamais trop tard. En s'y mettant tout de suite, les personnes plus jeunes verront s'épanouir rapidement leur vie personnelle, familiale, professionnelle et sociale. Elles pourront alors en profiter plus longuement et atteindre les plus hauts sommets beaucoup plus rapidement.

Faisons de cette terre et de notre environnement un lieu zen, un lieu d'amour liant tout un chacun. Et nous serons tous gagnants. Nous deviendrons humains et célestes à la fois. Surtout n'en doutez pas. Oui, c'est possible, compte tenu qu'il ne s'agit pas de nous changer, de tout changer, de faire de gros efforts ou de modifier de mauvaises habitudes. Nous devons seulement choisir le meilleur pour nous, c'est-à-dire:

1. célébrer chaque jour et à chaque jour;
2. arrêter de procrastiner et de perdre son temps;
3. bien respirer et sortir dehors le plus souvent possible;

4. observer, écouter et contempler;
5. arrêter de se poser des questions;
6. attendre le meilleur de la vie;
7. se reposer dans chaque instant;
8. être équanimité afin de réveiller en soi son pouvoir intérieur;
9. ne jamais oublier de sourire et de rire, même sans raison évidente;
10. accepter son entière responsabilité.

Le seul choix qui rendra chacun libre et fera de cette terre un paradis, ce qui est sa véritable et réelle raison d'être, est d'être zen, c'est-à-dire de savoir tout absorber, exactement comme les chats qui, même en sautant de très haut, absorbent les coups en douceur, sans heurts et sans bruit pour retomber avec grâce sur leurs pattes. Acceptez tout. Par conséquent, la souffrance et la douleur seront éliminées de votre vie, et vous connaîtrez un état d'être sans agitation.

Poursuivons notre route en préférant vivre harmonieusement. Utilisons tous les outils que la vie nous a si généreusement fournis pour accéder là où nous avons toujours voulu être.

Notre planète Terre nous présente de si magnifiques paysages, nous offre une féérie de couleurs à travers ses fleurs et une gamme infinie de différents parfums. Quant aux oiseaux, une vie ne suffit pas pour les étudier tous, et il en va de même pour les plantes, les arbres, les animaux et autres.

La terre est grandiose, il nous faut l'être nous aussi. Elle nous nourrit et nous offre des spectacles chaque jour. Elle nous divertit par ses arcs-en-ciel, ses couchers de soleil, ses paysages à couper le souffle. Parfois, elle nous gronde aussi devant certaines de nos idioties ou de nos mauvaises habitudes, mais le plus souvent elle nous comble. Remercions-la encore et toujours en contemplant ses chefs-d'œuvre. Soyons à sa hauteur et sachons que, nous aussi, nous avons toute une variété de couleurs et de la bonne humeur à lui présenter. Cessons de cultiver en nous la faiblesse, la maladie, les difficultés et reprenons notre pouvoir sur nous-mêmes afin de faire la démonstration d'une vie en santé et débordante de bonheur.

Être zen 365 jours par année est plus que possible et vraiment réalisable. C'est indéniablement une manière de *vivre* notre vie à la hauteur de ce que nous sommes vraiment. Il suffit d'un instant, que chacun de ces instants soit zen en choisissant de le vivre en célébrant, en cessant la procrastination, en respirant bien, en observant, en arrêtant de nous poser des questions, en attendant toujours le meilleur de la vie, en nous reposant dans chaque moment tout en étant équanimité afin de bien réveiller notre pouvoir intérieur, en souriant tout en acceptant notre entière responsabilité.

Éloignons-nous des balivernes et des sottises pour nous connecter à l'état zen. Et chacun jouera ainsi son rôle véritable et sera un maillon important de cette chaîne universelle, laquelle s'élèvera jusqu'à sa plus haute expression.

Avant de terminer ce chapitre et ce livre, je vous rappelle que ce qui doit toujours passer avant tout, et véritablement avant tout, sont la gentillesse et la bonté. Je vous redis également cet énoncé déjà expliqué à la section *être zen, en amour et en vacances*:

absolument aucune raison, bonne ou mauvaise,
ne peut justifier de ne pas être gentil et bon.

Pour moi, cette simple et courte phrase résume exactement l'état d'un corps sain et d'un esprit zen.

Le plus bel hommage que nous puissions rendre
à un auteur n'est pas de rester attachés à la lecture
de ses pages, mais plutôt de cesser de lire,
de reposer le livre, de le méditer et de voir
au-delà de ses intentions avec des yeux neufs.

– CHARLES MORGAN,
écrivain anglais, 1894-1958

AUTRE OUVRAGE DE L'AUTEURE

chez *Béliveau Éditeur...*

978-2-89092-421-5 - 176 pages

AUTRE OUVRAGE DE L'AUTEURE

chez *Béliveau Éditeur...*

978-2-89092-442-0 - 192 pages

AUTRES OUVRAGES DISPONIBLES

chez *Béliveau Éditeur...*

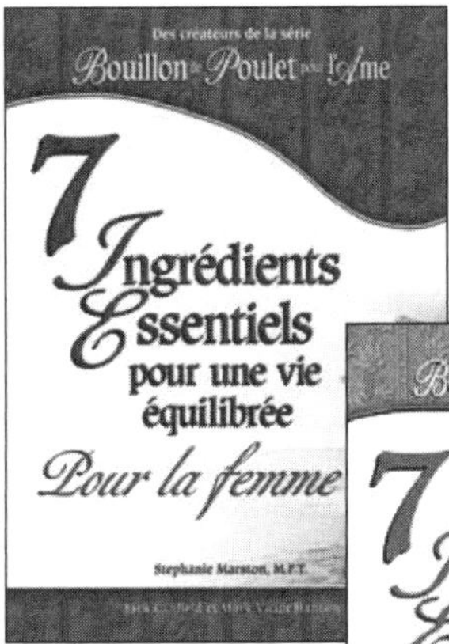

978-2-89092-352-2

978-2-89092-380-5

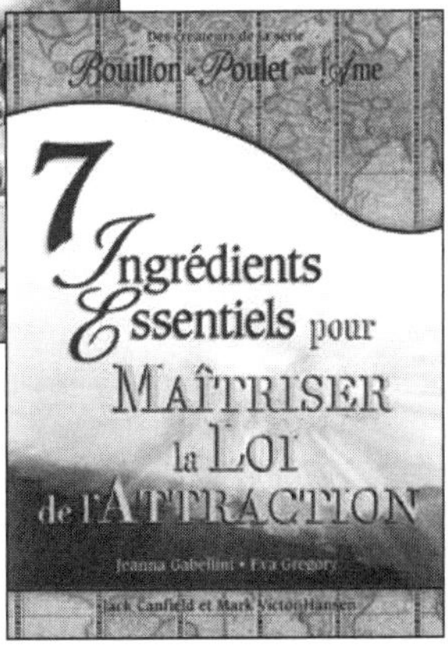

978-2-89092-412-3